DEJA-VU
THE COLLAPSE OF HAITI

A Warning to World Leader

AMONNON LOUIS

iUniverse, Inc.
Bloomington

iUniverse books may be ordered through booksellers or by contacting:

iUniverse
1663 Liberty Drive
Bloomington, IN 47403
www.iuniverse.com

1-800-Authors (1-800-288-4677)

ISBN: 978-1-4620-0868-1 (sc)
ISBN: 978-1-4620-0869-8 (ebook)

Printed in the United States of America

iUniverse rev. date: 06/03/2011

Déjà-vu the collapsed of Haiti designed by Sundy Alexandre, Sundy is a Computer Graphic Designer. Each image is parallel to the story it imbedded to. It is to provide a visual understanding of the book. As well to accommodate the author wish, that is to provide a clear visual to the reader. It is a pleasure to serve you.

Sundy agreed to design the book in December of 2009 because of the interesting contents that is in the book. Also because, he thought this book could touch the world Leaders as well as you, who are reading this book right now. In addition to all that, he thought the book will have a great impact in the Haitian community as well as Haiti.

Acknowledgment

Seven years ago, I had to leave my country "Haiti" to refuge in the United States. As soon as I set foot in United States I filed for legal status. Unfortunately my case has been denied by the Immigration authorities. Even though life is extremely hard, I dream a new world; that new world that I dreamed cannot build up without God, the owner of all inspiration. Inspiring on the landscape's beauty of my country, I have great desire to help. While in Haiti, I analyzed the situation of the world and I interrogated myself about the great need for a pressing action. It is my hope that this action will create a sense of awareness in everyone that will, eventually, make our world a safer place to live. That is to lessen the possibility of war; which results could be the most regretful and catastrophic disaster on the surface of the planet. In light of that, I took it upon myself to send this Message to every-one, especially to those whose aspiration is to become world's leaders by "Déjà-vu The Collapsed of Haiti".

With no intention to abuse your patience, I want to begin by thanking my wife Josette Louis and my kids; Abigail, Kensflore and Ernestine Louis for all their support to me during this difficult task.

I also want to express my appreciation to Rev. Pierre Meroné for his financial support. I do the same to my dear brother Wilkert Eugene for his spiritual and intellectual support. I cannot forget Ancelot Similien for his proof reading; engineer Periclès Perius and my colleague Junior Dastine for all their effort and sacrifices in order to help me achieve the very first step of the work I want to thank my busyness partner Jose S. Sénécharles and my compere Chrisler Joseph and family. Last, but not least, I want to thank all of you for reading this warning sign. May God, the owner of the universe, bless all of you and fill you with all His wisdom. Thank you!

Nothing is harder than leaving your country to live elsewhere.

Good thing in that is, when you stay focus; God will lead you through extraordinary purpose.

"The Aim of the book"

This book has been written to offer Haiti better compensation in the areas of technology development, leadership skills, creativity and invention. "Déjà-vu The Collapsed of Haiti", has mainly been written to reeducate all Haitians of crucial past blunders that our leaders have made and, to inspire them with ideas that can help them put the past behind and rebuild the future.

Haitians must attract each other's attention on past mistakes in order that future leaders do not repeat them. "Déjà-vu The Collapsed of Haiti, A Warning To The World Leaders" is an educational and historical document. It provides information about both new and old characteristics of Haiti. This document will also consider issues by which the world is being led; and the necessity for people to speak up all through the nations of the world. By putting this into action, the threat of a Third World War may be circumvented.

Throughout this book, you will discover the names of many Haitians leaders. While some of the leaders that are mentioned in this book may receive credit for their administrative works, many others have been criticized for poor leadership. This document will also include information that aims to convince our leaders, as well as, every ordinary Haitian citizen to act on Haiti's behalf.

Yet at the same time, it also gives a description of numerous problems that prevent Haiti from developing.

The main purpose of this book is:
1. To examine the authenticity of Haiti's underdevelopment; with the aspiration to fetch a successful clarification, to the country's predicament.

Déjà-vu The Collapsed of Haiti, A Warning To The World Leaders is not a haphazard artifact. It is a veracity that deserves a reflective awareness. This book is the product of numerous analyses all over the overwhelming political issues of the world. In this case, one suggested a stand up among the world leaders to rethink the United Nations.

However, there is a very significant question to be asked; is it possible today for a third world war on the planet?

Localization of Haiti and its geographical capacity.

The republic of Haiti is positioned in the center of the Caribbean. Cuba is to the northwest, Jamaican to the south-west and Puerto Rico to the East.

The republic of Haiti is 27,750 sq km2. 27,560 squares km2 in land, and 190 squares km2 in water. Haiti is sited in the Caribbean; western one-third of the Island of Hispaniola, between the Caribbean Sea and the North Atlantic Ocean and Haiti is in the west of the Dominican Republic.

Haiti holds ten departments by a population of approximately 9 million people. Haiti is at 700 miles from Miami Florida, one of many states in the United States of America. Haiti is also to be commended as the first independent black nation in the whole world. Haiti was evenly the redeemer of several countries beneath the sun. Above of all, the United States of America is one of them. Therefore, Haiti does not deserve that kind of humiliating treatment. These nations must remember the Haitian Heroes who courageously fought to death among them so that they could obtain their freedom from their colonizers.

Struggle and beauty of the Island

Even though many men brutally fought enslavement for their liberty in 1804, several industrialized countries continue to exploit Haiti to this very day; virtually freezing Haiti in an isolated capsule of extreme poverty and oppression. 'Haiti Thomas', the name of the island when the Taino's greeted Christopher Columbus on that fateful day. Haiti Thomas or Hispaniola is absolutely magnificent: a vision of paradise; a tropical mountainous island caught by the sweet Carib' trade winds, a climate that citizens of paradise would envy. This is Haiti, a vein of heaven.

'O bon Dye' as crimson rays crawl like a fat snake after the kill towards the beach, as butterflies dance on the Flamboyant's bloodily flowers, I wish to see Haiti flourish to the highest for the pride of its people. The golden globe peaks over Haiti's peaks igniting the heavens into a fiery hue. The virgin breeze tickles your skin sending shiver to buried toes in the bleached sand of Anse-A-Galets "La Gonave". The perfumed scents of flowers linger in your nostrils as tattered nets and near empty holds are rowed ashore. The smooth rhapsody of Creole fills the air as the children race to inspect their catch. This is Haiti my land.

Short History of the Island (Ayiti)

On December the sixth 1492 Christopher Columbus discovered an island that he named Espagnola, because the island looked like a little Spain. He claimed this island and all of its inhabitants for the Spanish Crown. The Santa Maria, the flagship of the fleet, sank on Christmas day 1492 and Columbus was forced to build a fortress from the remnants of the sunken hull that he called La Navidad. This fortress was the first Settlement in the New World and is near present day Mole St. Nicholas. From the moment Christopher Columbus and his crew set foot on the island, called Ayiti, the native Tainos began to die. First from brutality committed on behalf of the Spanish Crown and then from diseases brought by the Spanish colonists. The Spanish were merciless in their extraction of gold and tribute demanded by Columbus and the Spanish Colonists. The Spanish found bits of gold on their first voyage and expected to find much more but were unable to procure gold from an island that did not possess the amount of gold the Spanish were looking for.

Hispaniola was a peaceful island before the arrival of the Spanish; the natives were friendly and considered the epitome of cultural development of the Greater Antilles. Early descriptions of Taino life at contact tell of large Concentrations, string of hundred or more villages of five hundred to one thousand people. The Taino had developed a system of agriculture which was virtually maintenance free, they were entirely self-sufficient. In the Spanish annals, Espanola was described as the most advanced of the Greater Antilles. Tainos in Espanola were known for their good communication and a productive agricultural system. Espanola was the center of Taino culture, which appeared to have traveled from there to Cuba and the outer islands. Gardens, ball courts, and huge areitos with speaking forums and poets characterized that lush island. They estimated that 5 to 8 million natives were organized into small kingdoms called caciques. These five kingdoms were sophisticated and culturally diverse with their own monarch. The kingdoms were quickly quelled by the Spanish colonist who utilized the large Indian population as slave labor on their plantations and mines.

These repartimientos and encomiendas systems allowed the Indians to be divided among the colonists for the purpose of labor. This system was established by Columbus in 1499 after he failed to collect his demanded tribute of gold from the Taino. This system was meant to provide labor while Christianizing the populace, they both failed because the Spanish worked the natives to death.

When Queen Isabella learned of this system, she asked her famous question: 'By what authority does the Admiral give my vassals away?' The Taino quickly died out leaving a void that African slaves would fill.

The first census taken in 1506 accounted 60,067 Taino natives; a vast difference from the 5 to 8 million in 1492. The complete genocide of the Taino natives was the only known genocide that never took place in recorded history. The void extinct Tainos left was filled by the importation of African slaves mostly from West Africa. The bloodshed that began with the arrival of the Spanish only became stronger when the French took over the western third of Hispaniola after the treaty of Ryswick in 1697, naming their third of the island Saint Domingue. The French transformed Saint Domingue into the Pearl of the Caribbean, the richest colony in the new world. They grew indigo, then sugar cane, all worked by imported slave labor.

These slaves were treated so brutally that their life span was only several years, never long enough to assimilate western culture. It was a short repealed history according to the past.

Let's talk about the Creole language

Haitian Creole language often called simply Creole or kreyòl, is a language spoken in Haiti by about eight million people, which is about 80% percent of the entire population of some ten million, and via emigration by about one million speakers in the Bahamas, Cuba, Canada, Cayman Island, French Guiana, Martinique, Guadeloupe, Belize, Puerto Rico and United States. The language is notable for being the most widely spoken Creole language in the world.

Creole language is one of Haiti's two official languages, along with French, it is a Creole largely based on 18th century French with various other influence, including some Arabic and African, as well as, Spanish and Taino and increasingly English. Partly due to effort of Felix Morisseau, since 1961 Creole has been recognized as an official lan-guage along with French, which has been the sole literary language of the country since its independent in 1804.

The official status has been maintained under the country's 1987 constitution. The use of Creole in literature has been small but is increasing Morisseau was one of the first and the most influential authors to write in Creole since the 1980s many educators. Writers and activists have written Literature in Creole, today numerous newspapers, as well as radio and television program are produced in Creole

Contents

Chapter 1

Haiti: The Independence Day

"In overthrowing me, you have cut only the trunk of the liberty's tree. It will spring again from the roots for they are numerous and deep."- Toussaint Louverture

Since 1804, subsequent to the Independence Day, Haiti has faced many challenging hurdles. Those impediments slowed down the country's progress. Haiti was an attractive country and had a better climate than any other country in the world. Its ten departments supported an autonomous temperature which made Haiti the vein of heaven.

As soon as you felt tired, you could lay down under the mango trees and/or many others. In all regions of Haiti you could savor good blown breezes. Nearby was always where natural freshness met your feeling and blustered all over your body to put you to sleep in a very short time. At hand were all sorts of natural flowers to enjoy your sightseeing. You could notice on the field a whole variety of multi-colored butterflies. Haiti used to look so beautiful! That is why villages' people felt like they were living in paradise. Nobody dared to ask the peasants to leave the landscape of their native home to come to the capital. Obviously, they were very comfortable and had the opportunity to find whatever they needed within their provinces.

The mountains were fantastic. While you got closer to a peak, watched the panoramic landscape, it was breathtaking. Nearby were fresh herbs sprinkling with natural water? At hand were so many more trees standing up on the mountains that pumped fresh air down? As soon as someone felt thirsty, all he or she just had to do was to stretch out a hand and grab a fresh coconut or any desired kind of fruits. Each subdivision of Haiti provided different harvest. Those faculties allowed the people to acclimatize to their provincial's life.

The Age of Underdevelopment

"We all live in a world in which politics has replaced Philosophy."Martin L. Gross, Formerly, local tourists traveled all over the provinces. The tourism industry, in fact, permitted people in the village to collect money effortlessly. In return, Haitians used to buy cows, goats, pigs and mules to maintain the country always unsullied and rich. By the way, that reinforced the economic prosperity of the country at that time. Many tourists from all over the world visited the good-looking Island of Haiti. The landscapes were fantastic. However, today it is the total opposite. Roughly, nobody wants to live in Haiti. Even its native sons and daughters have walked away without any desire to go back. That means no one in fact cares to restore the gorgeous Island to its once acclaimed attractiveness. The rainwater, which is the base of food to the plants, congested in Haiti; and as such did not allow the plant to generate adequate grains to meet the people's need. It converted into flood since the peasants started to cut down trees from the forest while having no structured strategy to replace them. The trees are yet the only factor that could magnetize the atmospheric zone. That is the way to attract the rainfall on the surface of a region. Our fellow Haitians burned down those trees to make manure in order to exchange for groceries. This was their only available resource to fight starvation and death. In the opposite, they would not have any different choice. However, the scary story is that almost no one had been able to successfully come up with some new technological ways to improve the development of agriculture in the country. The success of an initiative of this kind would be a source of encouragement for the desperate Islanders.

The Age of Politic

"A liberal is a man or a woman or a child who looks forward to a better day, a more tranquil night, and a bright, infinite future." Leonard Bernstein. Politics remains the faculty of those crass enough to exploit its roots. For Haiti politics is lying while smiling. It's the practice of torture and extortion, of stealing enough votes to fraudulently seize power. Franklin D. Roosevelt lamented on the situation in Haiti, "Presidents were murdered, governments fled, several times a year." This is politics as Haitians know it today, as their father knew it and as their father's father knew it before them. Haiti is democracy perverted to anarchy under the guise of a republic. What then is the main obstacle to Haiti's development? The answer is simple: "Leadership."

Haiti has gone backwards for two hundred & five years. Today, Haitians need a unified spirit that will lead to a government that works for all Haitians.

The faculties that are missing to move Haiti forward is common sense. The ability which is the main option to lead Haiti to its destination, is the unify vision. Our common interest is the only technology to move Haiti forward. Haitians must accustom to a new method of life. That technique must be able to take off Haiti from that smelling sludge. But, that requires common sense to unlock the switch of that truck "Haiti", to prevent it from perishing in that terrible future crash.

Today, Haitians need a unify Spirit that will lead to a good teamwork. In my imagination, Haitians can be compared to the Israelite people that were the victims of genocide. According to the past history, Adolph Hitler acted with cruelty by destroying that nation. Hitler acted without any respect for life and killed Jewish without mercy and exception. Adolph Hitler, well-known criminal at his time, was born on April 20, 1889 in Austria.

After the death of Hitler's father Alois in 1903 and of his mother Klara in 1907, Hitler moved to Vienna. In 1908 Hitler tented to study art and architecture in Vienna. Unfortu-nately, he failed the test of the fine art academy. After that failure, he earned a meager salary by painting postcards. After the war, Hitler became a member of the Freikorps in Germany. And in 1919, he joined the German Workers' party that became the Nazi party. In 1925, Hitler seized the leadership of German Workers' party. He reorganized the party as if it was his own. In 1929, Hitler led a political campaign against the Young Plan of reparation payments.

On August 2, 1934, Hindenburg, commander of the Germa-ny's army forces died. Hitler became supreme commander of the armed forces. The malicious practices act of March 21, 1933 began mass arrests of communists and socialists. The Dachau concentration camp was set up in March 22; and the next day, March 23, the Enabling act made Hitler a dictator. As such, he eliminated many other parties including the pro-catholic Zentrum. This was a brief historical repeal about Hitler the great criminal in his time.

This repeal is to draw my reader's attention to the fact that Hitler was in misery before moving himself up to a higher ground. For Hitler, to be famous meant to cause criminal acts. In light of that, I want to urge my readers to deeply think before casting their votes for any given candidate. It is important to remember that your destiny is in your hands. A leader's mediocrity will not earn you anything. Instead, this will always impel them to act for their own wealth. The Jewish were in desperate need of assistance, but no nation was ready to assist them at the moment. They did not have any active leader to rely on; neither did they have any standing friend to back them up. Reflectively, they have made the same experience as the Haitian people with the only difference that, Haitians have leaders. Conversely, our leaders are the most dishonest on the western hemisphere. They traveled all over the world, and their specialty is, drinking alcohol, eating better meals on the detriment of little simple Negroes "Haitians". In fact, with their drunk, they signed contract to sell the country for nothing but an uncertain avenue. Corrupted Politicians "Politicians are like diapers. They both need changing regularly and for the same reason."

Let us refer to the corrupted leaders in the world today, particularly, the leaders who presided over the Haitian administration. It seems that they ate the forgotten food, and experienced short term memory. It is very easy for them to forget. Then, those habitual Haitians leaders conspired against Haiti for decades and swore to keep Haiti isolated. They became wild enemies for Haiti. They do not care about Haiti's development; they put everything upside down to benefit a visa. The little Negroes in Haiti are desperate. For any small profit, the Haitians leaders are ready to sell out their own country forgetting about its promising destiny. I deeply believe that those nasty leaders need to think deeply about the sacrifices of our Ancestors.

Before 1804, under the pressure of the French Army's weapons, our forefathers assembled to say no more slavery. Our Ancestors victoriously fought the French army to provide us this striking freedom. The Haitians revolution was the only successful black slaves' revolt in the world. Unfor-tunately, this great victory our great parents had gained became ineffective; because the habitual leaders came over and sprayed out all kinds of dissection in the middle of the Haitian people. They took away concentration and put dissuasion and disagreement among the people.

Those so-called leaders have broken down spirit of unity that Haitians possessed.

In addition, they rooted a system of thrust just to divide Haitians, the result is to betray each other by nasty political purposes against their own destiny. That melancholic rundown has made the Haitian country move backward. Nobody knows for how long Haiti will stay stuck in that gloomy way.

Haitians, when will your eyes be opened to perceive obviously and take over your destiny? In fact, your eyes should be unwrapped to distinguish where you are. As a result, you could perceive the critical conditions of your native country. Only when the eyes of your intelligence will be widely unlocked, you will cry to watch how many of your brothers and sisters fell down beneath your weapons for no reason. You must clear your spiritual eyes to look forward; and contemplate a new method of life in order to fetch new hope for Haiti. Because, hope is life when there is a unified vision. Referring to our forefathers' unity before 1804, which led to our independence; the Haitian leaders must deeply think on the significance of unity in a nation.

Chapter 2

The Beginning of Deterioration of Haiti

"Take our politicians: they are a bunch of yo-yos. The presidency is now a cross between a popularity contest and a high school debate, with an encyclopedia of clichés the first prize." SAUL BELLOW

A nation devoid of dream deserves not to procure a country on its own. However, a desperate people with no leader look like a vehicle with a dead battery stuck on the freeway. That vehicle is rusted and broken without an owner to repair it. That is the case of the Haitian people.

Despite of all kind of melancholy that subsists in Haiti, Haitians still hope and dream for a better life.

Haiti is classified as the poorest country in the western Hemisphere, third poorest in the world. Cite Soleil is the largest slum in the Western Hemisphere. If Haiti can be so poor this day, it is a direct reflection of the greed and bigotry that represent the government of the United States, France, Mexico, Cuba, Venezuela, Brazil, and other Caribbean nations. I believe that if Haiti was a Spanish speaking nation they would (be farther along on the road to development). The other side of the island they share, Republican Dominica is more advanced; testifying to Espanola as a more aggressive catalyst for aide and support. Black Haitians were singled out by nations as not important enough to aide. Obviously racism played a part as it did in politics until recently, at least on a grand scale.

In 1956 a wind of modification began to blow with the announcement of the first ever free presidential elections. The elections were organized by a General named Quebeau, a righteous general who assisted Haiti in holding their first presidential ballot. The ballots were cast and the Haitian people chose Dr. Francois Duvalier as their dolefully elected candidate. A few years after, assuming office, President Duvalier named himself as President for life. This was due to his immense support by the peasants; the same people he had known and treated while he was practicing medicine. He became so powerful that he was not even questioned. His regime was known for its hard line rule and cruel tactics. Too many people were killed under his administration for no specific reason. He would kill and crush anybody who dared to oppose his will. He ruled Haiti; he was a dictator-president for life.

Foreign powers saw Papa Doc's reign as a sign of stability for such an impoverished nation.

Most Haitians believed that with an elected president the country and the citizens would prosper. The country saw structural improvements such as water septic, sewer and drainage systems improved. This was due to increased foreign aide. Most of which was sent because Haiti was now a democratic nation, ruled by Papa Doc. Papa Doc's time as president of Haiti saw the modernization of the country from a warlike nation of quazi-tribal coup governments to a nation with a stable government, a democratically elected parliament and president. Haiti was, then, a nation on the rise in the minds of United Nations which represented the chief disburser of aide to Haiti. The aide was cash straight into the hands of Papa Doc's government.

The machine "Haiti" possessed a new engine according to the Haitians' judgments; after Duvalier become president elected. This engine would allow Haiti to take the road to development. Unfortunately, instead of an improvement they damaged the machine more and more.

Who will be aware of the misery in Haiti? Who will repair that machine to place it back on the road to development?

I positively believe that these questions must be bravely and effectively answered for the well-being of the Haitian homeland. Even though Dr. Duvalier was cruel he always strived to keep the Haitian flag very high before the world.

On top of all, Papa Doc (Dr.F.Duvalier) was not a household leader of any other nation. But, he ruled with leadership. Duvalier did what was necessary according to his judgment. As a result, that behavior made him a dictator of high rank. During his governance, all other Nations respected us Haitians. Everywhere, they wanted Haitians to work because; we were good and very courageous workers.

The Goodness of the Haitian People

"All of us who are concerned for peace and triumph of reason and justice must be keenly aware how small an influence reason and honest good will exert upon events in the political field." Albert Einstein above of all critics, the Haitians detain good qualities; as patience and magnanimity. They are lovely people. When Haitians fasten their leader, it is not easy for them to give him up. Most of the time and unfortunately, those leaders took advantage of our simplicity to lead the country to the wrong path. That is why; Haitians have the reputation of the poorest people in the world. Today, Haiti is in that dreadful situation because Haitians never took their responsibilities toward Haiti. Therefore, it is imperative that we select good leaders with the ability to drive Haiti through a real development. By a historical flash, Haiti knew two great periods: Spanish colonization period (1492-1687) and the atrocious French colonization episode 1687-1803. Many years later, the victory of the French over the Spanish allowed the French to replace the Spanish immigration, by a wicked colonization against people of the Island.

This interlude is also known as "the black colonial period" for the Islanders. In 1789 began the French revolution in Paris. That French insurgency influenced deeply an eventual Haitian uprising from 1791 to 1803. It was not easy for the Haitian fighters. However, the pragmatism of the Haitians army helped them win the war. What happens through Haiti today? Where is this revolutionary spirit? As Haitian citizens, let's ask ourselves this question; "is there any chance for Haiti to live again?" In fact, I can say yes, there is! However, an action is compulsory to each Haitian. In other words, there will be hope for Haiti as soon as every single Haitian gets into their subconscience and become aware that Haiti is Haitian's homeland. There will be hope when we are all awake and remember the freedom we enjoy today was the result of the big battle of our ancestors. With no weapon they took that land from the French colons and passed it over to us. Furthermore, Haitians ought to think about how much sacrifice that our relatives made for that wonderful land. It was beneath the sound of bullets, ballonets, and swords' stripes that our ancestors defied all danger to give us away this part of land. By the way, this forfeit has to make you perceive how significant it will be to join hands together for Haiti's development. Afterward, by a unified vision, Haiti will live again and also provide a better assistance to its residents.

Once we go deeper, go over our mind, rise up our heads and look at one another, hug each another, and try to merge to one another we will recognize that Haiti is our homeland. Absolutely, we must work together to beautify our homeland. As a result, Haiti will gain a brand new transmission that will put it on the road of development.

The Death of Francois Duvalier and the rise of Jean Claude Duvalier "Politics is the art of looking for trouble, finding it whether it exists or not, diagnosing it incorrectly, and applying the wrong remedy." Ernest Benn.

As soon as Dr.Francois Duvalier took power, on October 22, 1957 his administration handled unkindness with the Haitian people. During his presidency, Duvalier treated Haitians as domestic donkeys. Beneath the Duvalier government, there was no such thing as judiciary system in Haiti. In that case "The Tonton Makout" was the unique judge; and Papa Doc- was the chief of justice. Those people killed whenever, and im-prisoned anybody they wanted. Their only charges against those people were: "talking bad against the government". The Tonton Makout did not need to know who you were or what happened. They took you to Fort Dimanche {A Mili-tary Camp} to settle on your destiny.

By the way, Duvalier led all those crimes to keep his administration strong. However, the truth is; even when Papa Doc was malicious himself; the standard of his people before the other Nations was Always kept high. Prior to his death on April 21 1971, Duvalier passed the power on to his 19-year old son Jean Claude Duvalier as a heritage. Jean Claude did not receive adequate political training to rule the country.

Upon his arrival in the National palace, Jean Claude pronounced a good speech. By that speech, he dreamed a better life for the Haitian people. Haitians thought in reality, Jean Claude's regime would treat them better comparatively to his father's. However, the people around Jean Claude urged him to do worse than his dad. The storm of revolt against Baby Doc began in the year of 1983. The big assault exploded on February 7, 1986. By that time, Haitians killed several "Tonton Makout". In fact, the "tonton makout" were too wicked. The "tonton Makout" did not have any respect for human beings. And also, they did not look for any improvement in the living condition of the population. That disrespectable manner allowed the populace to become mean as well. Was Haiti ready for that superb insurgency? Think about it.

Meanwhile, Baby Doc was not yet a politician. He also had no experience to govern a country. Nevertheless, he really wanted to do good for the Haitian people. However, the enormity of negative forces that his father left around him, which was the "Tonton Makout", impeded him to work on behalf of respect of human rights. They arrested people for no significant reason. The "tonton makout" practiced killing on a regular basis, according to their personal desire. They acted with people with nastiness. And those wicked men tortured their fellow citizens so that they became unable to preclude them from perceiving their wretchedness. By the way, there was a black curtain that wrapped everybody's eyes in the Haitian society at that time. The Failure of Jean Claude Duvalier

"Those who are too smart to engage in politics are punished by being governed by those who are dumber." Plato Subsequent to 29 years and 6 months of power between Papa Doc and baby Doc, the Haitians disgusted against Jean Claude's regime. Haitians forced Baby Doc to leave the power. Moreover, Jean Claude left the country on February 7, 1986. At this time, many finally thought that Haitians would decide on a better alternative to provide an enhance-ment in the economy of Haiti. Unfortunately, instead of rotating their intellect toward development, Haitians has forsaken Haiti and left it to submerge into the black water. Evidently, "Haitians even forgot if Haiti is their homeland". They forgot that they must fight to develop Haiti in order to acclimatize with a new philosophy. This new viewpoint must be the goal to afford an improvement in the living condition of the left behind Haitians. Ho! Haitians, stop believing in long speeches of the traditional Haitian leaders. Believe rather in their good venture of society that they carry on. The projects those are able to fetch better strategy of development for Haiti. By the way, each geographical department of Haiti will get involved. Therefore, by doing so, you can draw among these assignments the best one. That faculty should allow Haiti to start on the way of progress. In this case, you do not go after a leader; you select by preference, a development program for Haiti, our homeland.

The insurgency "Under democracy, one party always devotes its chief energies to trying to prove that the other party is unfit to rule - and both commonly succeed, and are right." H.L. Mencken

Let get back to 1986's history; in a reflective manner, Haiti was not ready for that revolution since there was no leader prepared to support such an upheaval. Haitians were not ready mentally and politically. In the same mode, Haitians did not provide good technicians that could come up with adequate strategies to make preparation which could widen Haiti. Unfortunately, after the nation fiends helped Haitian people to overthrow Jean Claude, Haiti's army came to full power. The military government would organize elections for a new regime. This new government had to work for the well-being of the country. As power is the faculty that always created division in Haiti; the Army has been accustomed to abuse the power and worked against the development of Haiti.

As result, Haitians held that the Army forces were not determined to organize elections in the country. They began to rebel against the military regime to return the power to a civilian government. The aim of that civilian government was very specific. They must work to drive the country all the way through development; according to the request of the Haitian people. In the other term, the mission of the Army forces should be to maintain the security of the integrity of the nation. Nevertheless, that institution messed up its assignment.

The military power did not intend to make any change in the political issues of the country. There wasn't any improvement either in the political matter in Haiti. That army rather tried to turn everything upside down, and keep the people in melancholy.

The Army forces of Haiti did not have any experience to rule a country. They did not have any strategy to bring a security system in Haiti. The military power did not open an appropriate climate to favor elections. By the way, they did not take in consideration any better method of life for the people. Contrary to its assignment, the Army took the power against the will of the nation. And they tried to put the population under pressure non stop. This pressure machine was to calm down the Haitian as the Duvalier government did with the use of the killing system. That aggressive political issue did not work for the Army. They continued to slaughter the people and did not care about anyone's life in the country.

As a result, every morning we would perceive dead bodies on the road. The people protested against the military power by rallying daily down the streets. In the meantime, the military supporters continued to kill the Haitian people. This was due to the fact that they did not have any other strategy to calm them down and stop the blood shed in the country. In other words, Haitians were like a ship in the sea devoid of chief- "there was no one to care about the country".

The Fight for Presidency "Politicians are the same all over. They promise to build a bridge even where there is no river." Nikita Khrushchev.

Born in 1932, Henry Namphy was the president leading the country behind the departure of Jean Claude Duvalier. He negotiated on the way to lock the enterprises doors that employed people; such as Enarol, Minoterie d'Haiti etc. Subsequent to the closing of those institutions, the wretchedness and the rate of unemploy-ment rose up considerably and increasingly. It was horrible to perceive Haitians act unfairly against their proper homeland. It would mean that Haiti is not theirs. They always tried to draw to a close totally through Haiti. Their goal was to eliminate the existence of Haiti in everybody's mind. In other words, people would have no idea that a land called Haiti existed. Shame on a Nation applies not good sense to choose their leader, impoverish belongs to you. From that interlude, it became obvious that the security of our dear Haiti was questionable by everyone. Haitians left Haiti massively to overseas. By doing so, Haitians thought that they could save themselves from political violence in Haiti. Our leaders hutted every day for power to loot Haiti.

They never thought about the future of this Nation. Those leaders thought only for their own well-being. In addition, the people kept fighting for food and struggling against starvation.

11

That unexpected manner of the Haitian leaders made the Haitian people change their strategy. Consequently, this quiet nation was listed among gangsters; and they even called us terrorists.

Certainly, Baby Doc left Haiti's treasury empty. He en-joyed his wealth elsewhere while leaving Haitians in melancholy. It is a shame on the Haitian people in the eyes of other nations. Who will think about the future of this de-pressed people? Why are the Haitian intellectuals so mean toward their own land? Thus, it will come a day when the truth will clearly come out for Haitians to distinguish where they stand and for what reason Haiti is forsaken.

Probably, what is a coup attempt? That is the theoretical practice, which a professional army of a country uses to overthrow a non-progressive power. That initiative had always been the objective to come through a fruitful leader. That had been done to carry peace and quiet in a region. Obstinately, the Haitian army took the power of civilian presidents for their own pleasure. That is to also satisfy their immoral needs, friendly satisfaction or whatever. Moreover, the people of the army institution forgot all perception of beneficent. They acted unfairly against the country for their own well-being. That is why Haiti misplaced its flavor and nobody wanted to live in anymore.

However, the leaders of the Haitian Army forces never provided their professionalism to the motherland's interest. Besides, the practice of the Coup attempt always remained as poison to the economy of Haiti. By the way, that was to the detriment of the Haitian people. That is why Haiti can-not develop; furthermore, it stays behind an ethics problem. The general Henry Namphy enthroned subsequent to the forcing departure of Jean Claude Duvalier and his compan-ions on February 7, 1986. On November 29 1987, General Henry Namphy enticed to organize an election. That tentative was, to come with a civilian government into the National Palace. That was considered to be a very dangerous election with bloodshed all over the country. Even foreign observers including. By the way, General Henry Namphy decided to blemish that election. The reason is that, Namphy would not like Pastor Sylvio Claude to be the winner of that election.

According to the past, Pastor Sylvio Claude was an old Haitian leader. He was very popular. He fought against Duvalier regime. Pastor Sylvio Claude won the 1987s election at the first quarter of the electoral battle. Unfortunately, General Namphy thought Sylvio was not good choice to deal with his army forces. He tarnished the 1987s election in the blood of the Haitian people, because he was not favored Sylvio Claude's party. That event took life of more than three thousand Haitians.

General Henry Namphy blemished the election to impede Haitians to manifest their right by bulletin of vote against his government.

Henry Namphy chose to count the vote by using the blood of Haitians as ink and the army's guns as pens. Instead of being afraid, Haitians became even angrier. Sylvio Claude was a mature, a courageous and generous man, he struggled to free Haiti from Duvalier administration. A man who loved Haiti but, he was killed during the coup attempt that overthrew President Jean Bertrand Aristide on September 29 through 30, 1991.

Following the elections of November 29, 1987 the ballots, that remained as a clue' burnished in memory of every Haitian. That horrible matter could not be deleted from the brainpower of the Haitians. Until today, that terrible election left behind; droplets of tears in eyes of mothers and fathers in Haiti. After that gory election, in 1988 General Henry Namphy organized a false election to favor Professor Leslie F. Manigat. According to the Army's perspective, Professor Manigat was going to work only for the well-being of great generals of the Army. However, Profes-sor Manigat did the contrary. The Army was completely deceived of the politic that Manigat wanted to use. General Henry Namphy embarrassed and therefore, he reacted according to their theoretical practice. Now, let us talk about professor Manigat. Professor Manigat is a Haitian leader who is very knowledgeable in politics purpose. He is a university professor with a doctorate in international education and political science. However, he did not have a chance to become president. The reason is that, Professor Manigat did not employ his knowledge to challenge Haitians. He did not do anything to convince Haitian voter about his program. By the way, he would be a good option for Haiti's economy.

February 7, 1988, Manigat was enthroned to National Palace as president. He knew already what army he was dealing with. Manigat wanted to liberate the army from Certain Generals. Manigat took General Henry Namphy to survey residence. Professor Manigat already knew also that this particular army would not allow him to practice his political knowledge to drive the country through development. He tried to do a clean up in the army institution headquarter but, he was not successful. Finally, the other generals conspired against the professor's administration. They tied him up and sent him overseas on June 19, 1988. Professor Manigat was sent to exile; and General Henry Namphy regained control of power in Haiti. That second term was against the economic progress of the nation. Short after he took over, he decided to bestow the power to a big progressive "Tonton Makout" name Franck Romain; he was a former mayor of the capital (port-au-prince). The Army base did not really favor Franck Romain; in addition, they overthrew Namphy and sent him overseas similar to professor Manigat on September 17, 1988…funny history. One thing the Haitian leaders must know, your people will judge you on what you can build, not what you destroy. To those who cling to power through corruption and deceit and the silencing of dissent, know that you are on the wrong side of history; but that we will extend a hand if you are willing to unclench your fist, Message from a great leader of the world.

Chapter 3

The rise of Prosper Avril

Avril a conservative is a man with two perfectly legs who, however has never learned how to walk forward." Franklin D. Roosevelt

Prosper Avril was a man with great knowledge and experienced with the Duvalier regime. He was very smart but, unfortunately he used his brilliance to specialize himself in crime. Crime, robbery and rape have established in Haiti since President Prosper Avril took office. Moreover, every one agreed that all those gangsters' activities started during his governance.

Prosper Avril was brought on power thanks to the uprising of the army forces led by Joseph Ebreux on September 17, 1988 against general Henry Namphy. Since then, the human rights were not respected; people were illtreated, such as Evans Paul (Kaplim) Marino Etienne etc. Prosper Avril got rid of the most significant army forces of Haiti, which are the Battalion of caserne Dessalines and Leopards corps. That occurred in a battle opposing National Fortress and those two military corps. Many innocent civilians and militaries were killed within these three militaries institutions.

Evidently, by his arrival on the presidential fauteuil, Avril promised to respect the fundamental of the human rights. In an interview with the famous journalist Jean L. Dominique, president Avril promised to respect the right of life, liberty of expression and so on. Furthermore, Avril assured equally to make public files on three murder investigations: The murder of Louis Eugene Arthis, the murder of Yves Volel, and the massacre on Election Day on Novem-ber 29, 1987. A report on the murder of Arthis was released on November 15, 1988, which stated that Arthis got killed because he was in companion of Oscar Dongervil, a man detested in the small community. Arthis death was simply because he was in the company of Dongervil.

For the report of the massacre in the election of November 29, 1987, the commission of Mr. Avril took the same report that the previous commission prepared and presented to the government of General Henry Namphy on January 15, 1988. To refresh your memory, Yves Volel was the lawyer assassinated in front of the criminal investigation unit of the police in Port-au-Prince.The Avril commission did not report anything about that murder. At that time both the military government and the leaders of opposition for the reform of the country's judicial system, lawyers and judges were under increasing attack On October 29, 1988 the body of the lawyer Jacque Philips was found on the North road side, and the other lawyers protested for four days of stoppage; but they were seriously aggressed.

On November 21, 1988, the Autonomous organization of Haitian workers (CATH) called for a twenty-four hour general strike, which was observed by everyone, all around in P-Au-P, Cap-Haitian, and sectors of all of the nine geographical departments. Moreover, the organizers considered that it was 85% effective. The strike was termed a "warning strike", it was a way to send a signal to the government and force them to action in order to decrease the climate of insecurity in the country. At that time, Port-au-prince was considered a battlefield. On November 25, 1988, under the articles of the Haitian constitution, the minister of justice classified the so-called "warning strike" as a crime. End of citation.

General Prosper Avril came with a decree on November 3, 1988 that was going to allow a creation of an independent organization to provide the election in the country. The political leaders rejected the plan, and more, they called upon the military government to adhere to the letter of the country's constitution. On February 9, 1989, 28 leaders of several political parties, union of organizations and socio-professionals organizations participated in a forum organized by the military government with a view to create an electoral council. At the same time, other grassroots activists, object to the forum, held their own forum February 5-7. They claimed that the Avril government had failed to respect any of the promises that had been made to the Haitian people. Consequently, they called for a general strike for two days: February 8 and 9, and demanded the resignation of general Avril. The strike was partially observed in P-au-P, and was more effective in the provinces. Following the two-day strike, general Prosper Avril tempted to create a permanent electoral council according to letter of the constitution of 1987 on February 23, 1989.

Some political party leaders reacted favorably to the government's decree and stated that it embodied the recommendations made by the forum. Other political hardliners continued to demand the resignation of the Avril government, while yet other political leaders felt that elections were not possible in Haiti given the current climate of insecurity. Particularly, they wanted the repression of the peasants by the local section chiefs to stop;

confidence to be restored, and popular front government comprised of persons who represented different democratic organizations to be established. After the Avril's government forum, some political parties proposed to wait until the conditions are ripened to create a permanent electoral council. The executive is to form a provisional council along the lines of the one established in May 1987 with the bishop conference, the unions of the organization, the court of cassation, the human rights' organizations, the university council, the journalists association, protestant churches, and the national council of cooperatives. Each of these organizations proposed one representative. In fact, the provisional electoral council swore impartially on April 4, and on April 13, 1989. All were good decisions for the well-being of the country, but nobody was able to put those ideas into application. On October 14, 1988, general Avril's new government faced his first coup attempt, which failed. AS a result, approximately a dozen of soldiers were arrested. Among them, Frantz Patrick Beauchard and fourteen other mem-bers of the presidential Guard were kept in detention with-out hearing about their families and not having access to a legal counsel until December 6 1988. These soldiers were defended by certain sectors of the population as having been the instigators reform-minded coup of September 17, 1988 that brought Avril to power.

On April 1-2, 1989 the Avril's government experienced its second coup attempt. At the end of March, the high command of the army had discharged four high ranking officers reportedly for drug trafficking. In addition, in connection with the discharges, a number of other officers were transferred to other military departments.

Once general Avril regained control, he attempted to expel Leopard corps commander Col. Himmler Rebu and col. Philippe Biamby the former commanders of the presidential Guard who were the alleged instigators of the attempted coup not only this but, a group of some 300 anti-government demonstrators set up flaming barricades all along the Delmas roads. In addition, soldiers occupied the international airport to impede Col. Rebu their popular commander from being expelled.

Tank and armored vehicles from the Dessalines Barracks appeared at Delmas, and there was an exchange of heavy gunfire. The Leopards took over the government television Radio stations and made three demands over the independent radio station Haiti-enter. They stated that they wanted Lt. Col. Himmler Rebu released; and a civilian government to replace Avril for the complete restoration of the 1987 constitution. However, Cols. Rebu, Biamby, and Lt. Col. Leonce Qualo of the general Garrison were expelled by land to the Dominican Republic on Monday night April 3, 1989. From the Dominican Republic, they were sent to New York, via

Miami. In New York, they were arrested by INS agents and held in detention for several months. They stayed there allegedly without charges until the authority allowed them to go to Venezuela.

On April 5, 1989, the crisis worsened. Soldiers from the Jean-Jacques Dessalines battalion joined the rebellion group that apparently had not ended with the expulsion of their commanders. They demanded the resignation of general Prosper Avril over the radio stations, blaming him for the death of soldiers from the Leopards corps. Moreover, they ordered the population to stay home. A large detachment of soldiers from the Leopards corps arrived by trucks to support the soldiers of the Dessalines battalion who were demanding the resignation of general Avril. Late in the afternoon of April 5, the armored vehicle of the presidential guard took position on the Palace grounds.

The Dessalines battalion is the second largest military unit in Haiti comprising 900 men. The presidential Guard had 1,100 men. During the night of April 5, heavy shootings were again heard approximately near the presidential Palace in Port-au-prince. It is not clear how many casualties re-sulted from these two incidents involving heavy fighting. Despite all crime of those men, the Haitian people still respected the military corps because; casernes Dessalines and the leopard's corps were specialized Army corps that Haiti possessed. Haiti lost its magnificent; no one would dare think that without a grasp of conscience by the Haitian people, Haiti could rejoin its pride. Because of all crime, raping and stealing, the Haitians experienced under Avril government; they continued to mobilize against his administration. To impede the population from being informed about the attack of Avril's government by the rebellious; Avril ordered State of emergency.

The military government ordered all units of the Armed Forces to remain on a state of maximum alert. The "de facto" president announced that only government authorization information would be allowed to be disseminated. Radio stations and the presses, which had been communicating statements by the rebel soldiers, were prohibited from reporting any information not signed or authorized by the military government.

Unfortunately, the rebellious soldiers from the Dessalines Battalion and Leopard corps lost the battle against the soldiers of the presidential Guard and as a result, both the Dessalines Battalion and the Leopard corps were disbanded. By April 17, approximately 625 enlisted men and 53 officers of the Dessalines Battalion had reported to the Haitian Armed forces general headquarters to turn in their weapons and other government property. Guy Francois, the former commander of the Dessalines Battalion who had turned in his weapons had been rehired and assigned to dif-ferent units.

In a report received by the commission from one of the Haitian Human rights organizations, the hope was expressed that the disbanding of the Leopard and Dessalines Battalion might lead to a reduction of the military budget of Haiti. That budget represents 35% of the national budget and these funds might be channeled into other areas such as education, health, agriculture, the ministries of which received, respectively, 13%, 10% and 7%of the national budget.

After all protestation, general Prosper Avril in a speech into National fortress said: "If really the Haitian people manifest against me, I am ready to resign as long as the Haitians occupy the street massively in the morning to ask so". The population took the general at his words. Approximately the majority of Haitian got out and started to cry:"Downpour general Prosper Avril the same way he asked." He resigned March 10, 1990 and an honest general assured the temporary power whose name is Herard Abraham;

Avril provided a good patriotic gesture.

The Honesty of an Haitian General

After the resignation of general Prosper Avril from office in Haiti, a General in the Haitian Army forces astonished every Haitian by his Behavior and his responsibility. He interested not too much with power like those before him. General Abraham predecessor preferred to kill whoever to preserve their power. A great general names "Herard Abraham"; he took control of this country at a very critical moment to indemnify the temporary power for a period of three days. Abraham held the power to wait for the anticipation of the president of the Supreme Court to take his responsibility according to the article 149 of the Haitian constitution. I talked about Abraham, General of the Haitian Army forces; not Abraham national defense minister because I did not know if he did good during this era.

Amazingly, that Haitian Hero who wrote his name in the Haitian history; spoke up to remind the Haitian leaders, they must find somebody on time from the Supreme Court to indemnify the power. That is to organize election according to the law of the country. General Abraham, in his action, wanted Haiti to be beautiful and prospered; to be Able to provide better condition of life for all. The general Herard Abraham left his name into Haitian memory like an honest and responsible man. General Herard Abraham has shown to the Haitian people how he respected their right to choose their own president to represent them and work for the well-being of all Haitian.

In fact, nobody believed that story, because it was the first time that occurred in the Haitian's history. It is not very common for a Haitian General to respect his word and to show no interest for power. Abraham is the greatest man Haiti has ever known. We have to respect him and provide him with necessary honors he deserves. The agreeable thing Haitian like in Abraham is his persuasion to do good stuff to save his country. He was a respectful man. After three days floorwalker into National Palace; they found finally a brave woman who agreed to assure the power to lead the country through election.

General Abraham went back to reach his office to the head of the Haitian Army and continued to serve his homeland until February 7, 1991. When Aristide enthroned on power, he ended Abraham's mission. Ertha Pascal Trouillot, a brave woman who agreed to assure the political power in Haiti did not rule devoid of trial. Power in Haiti means trouble, problems, and deception this decision was not an easy issue for Ertha. They chose Ertha P. Trouillot; after a long and meaningful research. It was a difficult task at the Supreme Court in Haiti to find a judge to promise temporary power to organize election. The other judge was scared, only that woman was approved to pledge that heavy responsibility.

Ertha P. Trouillot got into the National Palace March 13, 1990; she assured the power, despite all pressure of the traditional leaders. She defied all danger and announced presidential

Ertha P. T elections for November 16, 1990. In addition, she invited international observatory of all country members of the United Nations, OEA and CARICOM, to come over to help and supervise that election. She did all that, to provide the country with a good ballot that can lead it through the progress.

As announced, November 16, 1990 Ertha organized an election beneath supervision of approximately all Nations. Despite all critics, it was the first organized presidential elections in which everybody was a little bit comfortable to participate. That ballot brought Jean Bertrand Aristide president through a percentage of 67% of the population's votes.

The President Ertha P. Trouillot Faced her Trial.

"The reason there are so few female politicians is that it is too much trouble to put makeup on two faces." Maureen Murphy Conspicuously, Ertha P. Trouillot faced an intricate trial through the night of January 6 opened to 7, 1991. That night, a high rank "Tonton Makout" leader went through the

National Palace. It was, anyway, by the complicity of someone in the Haitian Army forces or Ertha P. Trouillot personally.

At that time, no one really knew who gave access to that leader into the national palace. It was DR. Roger Lafontan, a great man, intellectually endowed other than Haitians discarded him for his criminal behavior. DR. Lafontan's tentative to get into the National Palace remained as a black curtain before eyes of all Haitians. Until this day, people keep on trying to find out which entrance Lafontan exactly used to get into the National Palace. Evidently, he did not say that the Haitian Army forces facilitated him to get the power. However, in his language, everybody could under-stand that he got into the National Palace by favor of the Haitian army forces. Lafontan said "could I drop into the National Palace from the sky? Where were the Palace's security guards"?

General Abraham's action brought more doubt in the mind of the Haitian people. Everybody in the Haitian society questioned about that event: Some said that the Army forces did the coup. In addition, the others said why they took him out. It was a lot of confusion into the Haitian society. However, one thing was certain, DR. Roger Lafontan got into National Palace over- night, but General Herard Abraham took him out in the morning. The rest is for the general history to clarify. Now, let us consider the most significant part of that history.

Here is a brief review to refresh your memory about your past.

- Prior to refer to the history of what became Haiti, keep in mind that 1600 Native people were destroyed by European Colonialists.
- In 1804 Haiti broke free of colonial rule, became the first independent Black Republic in the world.
- Early 20th century, the U.S. occupation of Haiti. Trouble that stepped Haiti back.
- Post World War II, the U.S. supported dictatorship in Haiti; the Haitian had to understand the reason.
- Aristide initially did well given the circumstances of U.S. hostility toward him. Political purposes that led Aristide to the resentment for his own destruction.

Troubles since 2000 election led to the ousting of Aristide in 2004 with U.S. support.

Exploiting elections controversy, U.S. withheld much-needed Aid of Haiti.

Some Aristide policies came with genuine criticism.

Selective Human rights concerning highlight of Aristide's Abuses.

Oppositions and rebels groups also exploited the deterioration of the situation to sanction the president.

U.S. helped Rebels to overthrow Aristide. More-over, Media Reporting worsened the situation.

- Haitians had to deeply think about these painful issues.

Chapter 4

Aristide: The President that could have Changed Haiti

"Politics is the gentle art of getting votes from the poor and campaign funds from the rich, by promising to protects each from the other." Oscar Ameringer

By the way, who was Jean Bertrand, Aristide? Jean Bertrand, Aristide was a catholic priest who had a revolutionary speech different from the other traditional leader in Haiti. He ruled a catholic church located by "Boulevard J. J. Dessalines" face to a bidonville named Tokyo close to a market place commonly called (Marché Tête Bœuf de Port-au-Prince). This priest had a speech against imperialist countries.

In Aristide speech, he stated that, those imperialists' leaders prevent the small nations from developing. Their political philosophy is against those poor countries. It is true. That was always a pleasure for approximately all Haitian to listen to this priest expressing himself or preaching on the Poor's behalf. In his sermon, every Haitian dragged a serum to revitalize their vain. Those words of serum allowed a nationalist dignity to go through the minds of all Haitians. That made all Haitians felt liberate from the black melancholy and ready to work together on Haiti's progress. As the old proverb says, "the man around the power is not the man on power. However, Haiti continues to suffer the same sickness, which is the underdevelopment.

The Real Fact about the President Aristide

"Some men change their party for the sake of their principles; others their principles for the sake of their party." Winston Churchill

Logically, Aristide was not a real politician. He had no genuine project to provide development to Haiti. However, for the respect of the constitution of Haiti Republic, in spite of all, Aristide had to finish his five years mandate according to the principles of the country's laws. Therefore, the people discovered themselves that Aristide could not rule. Maybe, in the next election they would make a better choice.

In observation, all Haitians already perceived that Aristide regime did not have too much desire to unify the people. Nevertheless, harmony is the only faculty that would be able to rush the country through progress. That agreement revealed difficult because, President Aristide was too resentful. By the way, President Aristide sprayed out a bad example among his fellow citizens. As the old proverbs say, "Do as I say but not as I do". He preached peace but meant war among Haitian people. A priest is someone who has the mission to extend the gospel of Jesus Christ. No matter what, he has to go into the entire world and spurt out the mighty of God's word in the people's hearts. Nevertheless, from what that had been told, he deviated from that mission. In the opposite, Aristide sowed division and resent-ment in the brain of almost all Haitians. He put one against the other, and caused them to kill each other. As a result, that disrespectable manner pushed other nations to understand that we are bad people and, as such, they disqualified us in the international scene.

Formerly, President Jean Bertrand Aristide first arrival on power, February 7, 1991 looks like a success for Haiti. However, the experience of the coup d'etat that overthrew his government made him deviate as soon as he came back in Haiti. Aristide left hatred go through his mind and pushed him excavate a division hole where he perished himself and the Nation behind him. Aristide's speeches went always against progress of Haiti. He excited one group against another. As a result, terror had been spurt out between the two camps of angry Haitians; an issue that made Aristide happy. In addition, he called the thug into National Palace to congratulate them for their good jobs.

In Aristide's intention, to make peace among his supporters, he supposed to tolerate them in all melancholic issues. That means to provide weapons to those young to continue the killing operation and terrorize peaceful people. Those gangsters, at anytime they set fire into any States Edifice devoid of thinking about the consequences. What will that melancholic?

matter brings behind? It carries at the rear nothing but panic and division at the middle of the Haitian society.

That disarray situation encouraged people to own weapons to secure themselves. That division created more chaos and increased more gangsters in the country. But, we are not a bad Nation. We are naïve people, and as such, our leaders used our inexperience and our kindness to turn us down. That careless behavior is questionable; and many were asking themselves whether our leaders are native Haitians. Anyway, it looks like the fact.

That division turned down the economy of the country very low, and gradually retarded Haiti. Consequently, Haiti has to wait a longtime to go back to life. Those dilemmas put the Haitians into desperate circumstances. It appears as if Haitians had a debt to pay without having bought anything from anybody.

The anxieties of the political classes in Haiti increased, when the leaders discovered that Aristide's government wanted to turn the country completely down. The reason is that, the Haitian parliament had no opponent to resist the Lavalas regime. The Lavalas supporters thought that a power composed of ninety-nine percent Lavalas will bring good chance to Haiti. By the way, that chance may be able to take off Haiti from the abyss where it is since its existence. However, the future became more in more disquiet for Haitians.

Unbelievable, all institutions of the state were invaded with unqualified people. Those folks did whatever they wanted. They wasted the money of the State to finance crime. That has been done all over the country with the goal to strengthen the Lavalas administration. They killed whoever dared to criticize their embezzlement. There was no control in anything. Everybody did what he or she wanted anytime and anywhere in the country; Aristide government did not care about it.

In the tragedy of Haiti, the scared made it difficult for Haitians to assist the traditional political leaders. However, it is interesting to notice that regardless of all division Aristide created among Haitians; the people struggled to have him back in Haiti.

Those requirements for Aristide to come back to Haiti, not only, came from the Haitian people, but also from some of the Caribbean countries. Those leaders wished Aristide back to preserve the respect of Haiti's law. All the countries that formed CARICOM fought for Aristide to go back in Haiti. Those countries wanted to respect the standard signing by convention. Legally, Aristide detained the right to go back in Haiti according to the Haitian's Constitution. However, if we considered the complexity of this issue, it is very difficult let alone impossible for Aristide to be back in Haiti at this time. While some are chatting, Haiti is plunging non-stop to the black hole with everybody.

However, Haitian leaders continued to fight each other to control the political power. Where Haitians are going to live in the future? Until now, there is no leader on the political field in Haiti wondering about new technology. Therefore, only new expertise could take Haiti off from this bad economic situation, and drove it onto the road of development.

The Reaction of the International Community after the Coup Attempt "There are only two great currents in the history of mankind: the baseness which makes conservatives and the envy which makes revolutionaries." Edmond de Goncourt After all wrestle in the Haitian society relating to the coup attempt, the international community also condemned that criminal decision. To accumulate more explanation and information, the international community got in negotiation with general Raoul Cedras. This General and his supporters wasted time to trouble Nations that wanted to be well informed about that political issue.

At that critical moment, general Raoul Cedras played all kind of game on the political field. That is to impede the UN mediators to understand their crime against innocent people in Haiti. Around Cedras, there were many traditional leaders. Those men thought the international people were going to play same hopscotch game, they kidded with severe purposes. These leaders swerve all accords signing with international community and kept on lying to the United Nations' mediators.

Then, the Haitian people kept mobilizing; the international community finally understood what game the Haitian generals and the political leaders were playing. In a resolution taken by the United Nations security counselor on January 1, 1993, 841 members were in favor of sending troops in Haiti to dislodge the military power. On May 6, 1994, another resolution with the same goal was taken and approved by between 875 and 917 members. That resolution punished the Haitian army forces for overthrowing a legal power. Moreover, they liberated the political field from all entrap that hindering Aristide to go back on power as elected president December 16, 1990.

The Decision of the United Nations "Politics - I don't know why, but they seem to have a tendency to separate us, to keep us from one another, while nature is always and ever making efforts to bring us together." Sean O'Casey

As written in United Nations resolution, a troop of twenty-five thousands soldiers invaded Haiti. That was to clean the political field for Aristide in September 19, 1994. As a result, October 15, 1994, they unloaded Aristide to Maïs Gaté airport in Port-au-prince. That was beneath big applause of the majority of Haitians. Haitians suffered under repressions non-stop of the Haiti Army forces at that time.

This day brought joy into the hearts of almost all Haitians. Everywhere in Haiti, was enjoyment and also those who lived all around the world? Yes it was probably. The population cried victory, but general Raoul Cedras and his companions remained heads bowed. General Cedras was on full shame when they perceived the return on power of president Jean Bertrand, Aristide. It was at that time, president of the United States, the renowned Williams Jefferson Clinton came in Haiti; accompanied his friend president Jean Bertrand Aristide in his homecoming on power in Haiti.

That day was nice; almost every Haitian was foolish of joyce. There was big applause everywhere in the country to celebrate the return of the Haitian redeemer Jean Bertrand, Aristide. He promised good condition of life to Haitian people and respect for all. General Raoul Cedras went out to the left door with shame and desolation, and Aristide got in the right door with happiness and smiling on his face; that meant lawful had reason on unlawful.

President Aristide: the Poor Leader

"The imbecility of men is always inviting the impudence of power." Ralph Waldo Emerson

On top of all, the return of President Aristide was made possible partly under non-stop pressure of the Haitian people. The International community observed the political game carefully. And they scrutinized every word of the political leaders on the grassland in Haiti. Definitely, the authorities' eyes of the United Nations have unlocked. They discovered the right place where the truth is. By the way, they acted according to the law with force and fairness. President Aristide, gushed hope into the hearts of many by his tricky words. Approximately, every Haitian followed Aristide because of leadership capacity that he apparently exhibited.

But, it did not take long for him to divide the people in rebellious groups against the other political parties for the destruction of Haiti. That political division made the country poorer than it was; afterward, the Haitian people guzzled the dust of the earth until this day.

Soon, another word was going to enter into the Haitian vocabulary. It was "CHIMER". Where did that word come from? That word emerged into the Creole vocabulary language when President Aristide got onto the power. To manifest their love to Aristide, the population erected in rock wall before the Haitian Army forces. Hunger and frustration pushed Haitians to become very mean. By the way, they called themselves "chimer". In addition, the people against Aristide regime called them "chimer Lavalas".

Aristide in his incapability to rule manipulated the Haitian people against the economy of their own country. That foolish affection for Aristide pressed Haitians to work for their own destruction. Subsequently, he had shown a so-called loved to the Haitian people. Astutely, Aristide took that position to look for his own interest; in order to take place among the millionaires in the world.

However, after the homecoming of the priest president on power in Haiti, as the constitution of the country mandated him, he ought to organize election for a new president to succeed him into the National Palace.

By a historic fact, Aristide announced elections for December 1995 and the new president will enthrone in February seven nineteen ninety-six (February 7 1996). At the same time, the electoral campaign was opened; all leaders went up on the political ground fallaciously promised to the Haitian people. They sought blessings from Haitian people to get into National Palace. Couple of days later, Rene Preval who was the prime minister of the President Aristide first version, got in to the electoral race.

At that time, almost every Haitian has applauded Preval, by the same fanatic spirit that has been manifested for Aristide. And the people never asked for a good project to rebuild Haiti. Even if Preval had no project to rebuild the economy of Haiti, Haitians wanted to give him one more chance into the National Palace. May be after the people, Preval could work for the well-being of this miserable country.

Without any dispute, the general election took place, and the Haitian people voted massively candidate Rene Preval. In fact, other leaders on the political grassland failed because they did not recite well the political lesson before the Haitian people. Rene Preval won that presidential election, and on February 7, 1996 as written in the electoral law – Mr. Preval, Rene sworn in for a period of five years as president of the republic.

Rene Preval was a good president; a leader who did not hesitate to assume his responsibility. He did not pay too much attention to the traditional leaders' speech. Even pressure non-stop they did at him, he resisted. Rene Preval was the president who detained a vision and a firm determination to work for his country because of his loved for Haiti. He worked very hard to rush his country on the road of development, but the pressures of the false leaders slowed him down in his good determination. Preval had big ambitions to valorize the grandeur of his people and for his people to live well in a good climate of security and tranquility. However, Aristide did not want that to happen because he was the master at that time. By the real fact, this Renard always played secret games to thwart President Preval from accomplishing his mission for the well-being of his people. Despite of all pressure from that Renard, Preval did try to do his job anyway for the development of Haiti. Without forgetting, the President had a famous staff by his side, particularly, the renowned Jacques Edouard Alexis. That untiring man played a roll of defenses for the Haitian people by the side of President Rene Preval (Tirene).

He was the best Prime Minister Haiti has never known since its existence as a country. For the respect of the moth-erland, Jacque Edouard

Alexis occupied two big positions, which were prime minister and National Defense Minister. Jacque Edouard Alexis did not believe too much in the men of Lavalas. Because they did not have, any vision for Haiti than stealing, wasting, flattering, and kneeling before the Renard to have position. Moreover, he allowed them to steal and waste better the wealthy of the State. Willingly, the determination of Alexis in Haiti's affairs created problem to Aristide. Nevertheless, Alexis was a courageous man. He was prime minister on Preval government.

The Preval/Alexis regime did the best they could to reconcile Haitian people. They tried also to link up the tissue of that society that division and disorder tore piece by piece. In addition, they looked for all methods that could repair the transmission of that machine (Haiti) and rush it on the road of development. It was not easy, because Aristide stood up before them like a solid rock wall to bar their road.

In Aristide's mind, if President Preval repaired the transmission of that machine "Haiti" he, would then, become the leader that the Haitian people believed in on the political field. The Renard at his side was going to lose his popularity. That is why President Aristide did not want Rene Preval to work on Haiti's behalf.

As Aristide was looking for the majority of the Haitian parliament, President Rene Preval organized an election. In that election, the "Fanmi Lavalas" the Aristide party, only got all the electoral posts. However, the opponent's parties had nothing. The opponent got nervous because of looting in all administration of the State. The Preval/Alexis regime lost control of the political game. Aristide was the only winner, playing game under table with Preval. Finally, Aristide got what he was looking for, which was the control of everything in the country for his own destruction.

Chapter 5

The 2000 Election

"Before you can begin to think about politics at all, you have to abandon the notion that there is a war between good men and bad men. "Walter Lippmann

The political game started to reverse in Haiti with the May 21, 2000 election. Rene Preval organized very well that election, other than; Aristide blemished it and changed it in his favor. Nevertheless, the people voted already for his party. He played black game in that election in the goal to have control of everything in the country. In his imagination, he thought he lost his popularity. Aristide with his supporters did many tricks in that vote. That operation damaged more and more the transmission of that machine (Haiti). All Haitians thought that Aristide was going to repair the machine by his arrival on power into the National Palace of Haiti.

November 16, 2000, president Rene Preval organized presidential election. Very few political leaders on the grassland participated in that election because: First of all, they did not have any popularity. Second of all, they knew Aristide was not going to allow any good election in the country. Perhaps, that could permit them also to have a chance to be president. Aristide was the only leader ready for that election; he played all kind of games to locate unqualified leaders to face him, because he could not go alone.

However, it was a shame on Haitians leaders at that time, when Aristide presented his candidacy. All other leaders retracted, because they could not stand up with Aristide in election. The so-called leaders argued they did not want to compete in the presidential elections with Aristide. Consequently, Aristide almost went in that election alone simply because, the other leaders were photocopies or shadows. Aristide called those leaders to come over to fill the empty place to impede the international community to understand his political game. The election has been organized, Aristide won that tricky election and all the embezzlers were happy and rejoiced because the looting president got in to the butter box again (national palace). Long time pillaging and stealing are the common games for that government. The international community remained with their pencils and notebooks to take notes and controlled all little embezzlement that had been done in the corrupt system that Aristide sowed in all State's Institution.

The political class in the Haitian society and the international community contested the vote of May 21, 2000. That contestation remained as a clue for the international community to isolate the Aristide regime onto the political and economical plan. They isolated Aristide regime diplomatically and economically. He used the wealthy of the State as his own well to pay international police to provide his se-curity. He, also, tried to hide before other nations his tricky ways and the strategies that he used to get to the power.

Chaos in Haiti

"The qualities that get a man into power are not those that lead him, once established, to use power wisely." Lyman Bryson

Since this dilemma established in the politic system in Haiti, Aristide began to lose confidence of the intellectual class of the country. The Intellectual class followed with attention the spectacle, understood and turned back to Aristide with his corrupt system. The university class stood up because they ascertain that Aristide did not corporate with qualified people. Instead, he preferred the company of those who specialized themselves in falsehood and embezzle-ment. Those who had no personality, who agreed to kneel down before him and put him on top of all as a king. He refused the company of people who were able to sit down and discuss with him. Those who did not agree with everything he said, he could not work together with them. These types of intelligent people could take the power from him (thing that he loves too much).

Nobody thought that Aristide would be a looter for Haiti.

The habit that Aristide exposed himself to, made the Haitian people never believed he could be a disaster for Haiti. That reason pushed until now this innocent people to believe in him. They still stay on his side after all the disasters he did against the country's progress. While the class of university students of Haiti rose against Aristide, that movement permitted other enemies to take Aristide off from power in Haiti.

For all true thinkers, the purpose they used to overthrow the president was not permissible. He was an elected president regardless of the strategies he used to get the power.

They had to look for some diplomatic issues that could put him in a situation to him resign himself instead of overthrowing him by force.

That system remained always as coup attempt. However, it is an issue that the world condemned. Since the opponents have overthrown Aristide from the power to date, Haiti emerged as a crime country where violence, rape and robberies become a common occurrence. In effect, Aristide sits down peacefully in South Africa, where he is enjoying his wealth together with his family. After his departure, most Haitians are in desolation and disenchantment. The Haitian people fought one another under command of the same Aristide who always said he loves Haiti more than all countries existed beneath the planet.

Does love, a donation by the Lord to humanity manifest that way? Could a loving person be spiteful? Could a loving heart participate in the destruction of the one he or she loves? In everyone's opinion, loving someone conveys the idea of accepting some sacrifice for the well-being of him or her. It, also, coveys the idea of continuing to act on the behalf of the one you love. When vicious comes over to tear apart the one you love, defenses should always be your stand unless you feel the contrary.

The one who has love in heart must be always sensitive. As well as, he must be ready to defend the defenseless in all circumstances. Aristide did not preserve anybody; he was the cruelest President that Haiti had ever known since its existence. However, his protection for us "Haitians" was to prevent us from clearing our mind on Haiti's behalf. In his astute, he tried to bounce the development and progress of Haiti. It was just to accumulate enough fortune to live a happy life wherever in the world. Aristide did not work for any-body than himself and his family. If a Haitian wanted to progress, Aristide twisted all kind of guns to destroy that dream. By example, gun of discouragement, gun of pres-sure, gun of falsehoods and the real gun which was weapons so and so.

President Aristide friends were Felix Bien Aimee (aka Don Fefe) Ronald Camy (aka Ronald Cadav) Amio Meteye (aka Cubin) to cite only those names. The funniest thing in that history was, when Aristide finished using those gangs, killing the quantity of people he desired, and those gangs became dangerous for him; he isolated them and created ways to kill them himself. People wonder why a president of a country wanted to corporate only with bad boys and gangsters as his right hand. This is something that we should think of! In addition, it seems that World history will answer.

If a Haitian citizen needed a job from the Aristide government, this citizen has to follow those rules:

- To be good flattering,
- Have notion in how to lie

- To be good killer
- Have good experience on fire tire Have knowledge in how to steal people's stuff.
- Those were requirement to have a job from Aristide regime. For the one who already had a job, he needed promotion, one double rule to follow; you must be Bluffer and flattering.

President Aristide did not care about the future of Haiti. Keeping Haiti in division and isolation was his dream. If you were a peaceful person, it would be impossible to have a job on Aristide regime. You have to be violent, ready to set fire at any kind of State edifice or prepared to kill people. At that time, Aristide would call you and ready to hire you in any position you wanted even though you did not qualify for that position. Once you become a member of his gang company; he will teach you how to be more violent.

President Aristide did not corporate with people who had good ideas in political issue. He took advantage of the popular base that he could use to his political end; which in effect, had nothing to see with the progress of Haiti. That gangster system almost came to the destruction of our beautiful country Haiti. That crazy decision, among all others, plunged Haiti's economy so low that the country must undergo a long process to get out of the abyss where it is now. The Haitian people thought that Aristide was a redeemable person that came from heavens to deliver them from melancholy and starvation. However, the result of the redeemer's job was catastrophic and drove Haitians through division and bended the mind of Haitians to act against their own country. Nobody knows how long Haiti will re-main in that dilemma or who will be able to come up with a solution. By deeply thinking, Haiti needs three technologic systems to start off:

1)   - Unify vision of all Haitians wherever they are;
2)   – Modification in the education system;
3)   – Look forward to a new system in favor of the political purposes of the country, by the creation of new strategies to allow all Haitians to get accustomed.

Chapter 6

Lack of Leadership Skill

The only difference between the Democrats and the Republicans is that the Democrats allow the poor to be corrupt, too. Oscar Levant

In reality, Haiti cannot develop because the only source of richness, which is the most important part of the country, is neglected. Agriculture, the most important issue that the world's leaders consider as a way out to increase the economy of a country, does not signify much for Haiti. They just used any kind of space as residential area: In brief, agricul-ture is always the last subject about which Haitian leaders discuss, and, it is if they have time.

Every Haitian who lived in the provinces unloaded to the capital just according to what they said, "It did not rain anymore". Farmers do not have access to any kind of sprinkling system that they can use to activate their plantation. The rain represents the only resources available. If it comes, then they can have a very good harvest; they will be able to sell their product and use the profit to send their children to school.

In addition, why at a time of advanced technologies, leaders of a country are only waiting for rainwater to irrigate their plantation? Is there any other strategy that can be used to help the plants grow and produce necessary grain to nourish the population? What should you understand by strategy? It is technical knowledge that is the main purpose motivating the development; tools to work land, technical intelligence to make land grow plants, technical ideas to make plants produce without losing its forces at the moment that they flourish. This is what that I call strategy.

Fortunately, we already are in possession of those resources. Every year we have bunch of agricultural technicians that come from husbandry faculty who would be rushed in agricultural domain. Their goal is to study what type of environment is able to produce such or such prod-uct. They also examine the quality of lands since some of them may not be fertile enough to produce crops. The cause and the strategy are useful to allow the field to produce sufficient grain. Moreover, the procedure that should be used to find the water from the ground would be significant as well. That kind of study has never occurred in Haitian history.

In fact, when the agricultural technicians left husbandry faculty, there was already a job waiting for them in National Education ministry. Alternatively, other institutions that did not require those technicians' skills hired them to work since jobs were not available in their specific field of study. Those technicians swerved and forgot all about what they had learned in their domain. Job is not easy to find in Haiti. In the same way, it is not easy either for those technicians to leave their opposite jobs and go back to use their skills for the well-being of the country.

In reality, those technicians need to prepare their future. They had already forgotten the option of agricultural skill upon their arrival to that new opposite job. In brief, that agronomic purpose becomes insignificant. Those technicians fought from beak and nails to keep that job and to guaranty their future. They do not care about their profes-sion because they had already got a job. That means technicians often strayed their mission, which was to work in the agricultural domain. That purpose may be able to render the land fertile for the well-being of the country's residents. We, Haitians, neglect to take over our responsibility for our country. That is one of the major problems that hinder Haiti to develop. Haiti's declination is not our business. We are not really sensible for our country. As a result, we are not working enough in our country's behalf to increase it economically. All those oversights are obstructions that prevent Haiti from reaching its maximum potential. Haiti cannot develop due to erosion that pulls away the cream of our earth to the ocean.

The substances of our mountains were swept into the ocean, because of the missing trees. Therefore, that was the most significant protections for the ground. Why it is not raining any more? And where are the trees? Once there was no rain in Haiti, the peasants do not have any other resources to live. They started to cut trees down any kind to make manure. The reason is that, the peasants did not know what technology is able to replace those trees.

Unfortunately, there was nobody who ever thought about a useful program to reforest Haiti. That matter prevents Haiti's land to have a cover that magnetizes humidity. When it rains, the rainwater went directly under the ground. In fact, the land should have plenty of trees to stop the rainwater from taking its substance to the ocean. That rainwater should be converted in medicine to sprinkle the earth. That is to keep all the substance in place, to nourish the plants. That is also, to preclude that calls erosion from taking the cream of the land to the ocean. By the way, the land needs some special treatment that can activate its fertility. To keep the essence in the land, special attention must be given to the treatment that the neighborhood farmer provides to the land. That is to permit the plants to grow up according to the natural law. In addition, that procedure will allow the land to produce enough to nourish all the habitants of the Island Haitians never walked together with the world of evolution. The reason is that, our leaders stayed always in the same old system since 1804, when the world did not advance through technology. They remained within an eternal division that locks the eyes of their brainpower. Nevertheless, division is equal to underdevelopment. Dissection creates wretchedness, chaos, and dishonesty.

Sadly, there is nothing too significant in Haiti. The youth, which would serve as a powerful means toward development in Haiti, had been deserted. Its freshness would suppose to be the hope of Haiti's progress. I wonder what country on the earth disregards the freshness its youth as a means of progress for further generation? Each Haitian must provide an answer to this question.

In Haiti, at every corner of the capital, young people are lying down underneath the blue sky of the store walk way. By the way, not only in the capital; everywhere else in the country you can observe the same panorama. No administration had ever thought about a program to improve their condition. No one ever thought of implementing a program that can educate those young people and prepare them for the future service of the country.

Because of that lack of responsibility, when those Young people become adults, they are, then, enemies of their own country. Instead of being valuable instruments to develop their homeland, they, automatically, choose the opposite direction. What is the most imperative job that a government would favor in a country? The growth of youth's education, unfortunately, it is different in Haiti. The government beloved their companions more than people who live in the country; in order to consolidate their power. These are sad words to learn, funny words to listen, and joke words to understand. We have to think deeply about that matter.

The divisions and bad administrations of the Haitian rulers impede Haiti from taking the road of development. By the way, there is a very significant subject that I want every Haitian to think about; it is the relation of Haiti with United States. Is it true that the United States does not want Haiti to be developing? A question that I would like to debate with our Haitian brothers, which is very important, is the following: "Why Haitian leaders accused the United States as the devil that kept Haiti captive since its independence"?

Nevertheless, those same leaders, when finish plundering Haiti, take refuge in the United States. The United States, in fact, is the country that is the base of food for Haitians more than any other country. Those Haitian leaders tricked their fellow citizens by setting them up against the United States. Let us ask this question. Can the United States really hold Haiti back from walking toward development? If yes, why? If the United States does not want Haiti to develop, nevertheless, when legal power, the US department of treasury releases large amount of money to assist that government? This type of assistance is a sign that shows their assistance to develop the country. What do you think our dear readers?

Whether the above statement is true or not, we have to look forward to rebuild Haiti by modifying our attitude facing the first super power of the world. I would like to remind our leaders, think before acting is the best way to succeed. Because politics is the purpose of class and the diplomacy is the purpose of high technology. We need to grow up in order to stop working against ourselves by listening to our leaders who bluffed us in saying that the United-States is our main enemy.

The underdevelopment of Haiti came from the selfishness of our leaders. They think they can do everything without taking anybody's advice. The result is that the country goes down non-stop into the hole of destruction. The Bible said, without counsel, plans go awry, but in the multitude of counselors they are established. Proverbs 15:22. The Haitian leaders never respect the country's law, which makes the people always be a shame. Moreover, that is why the bible said in the book of proverbs 14:34 "righteousness exalts a nation, but sin is a reproach to any people".

Haiti will remain in the same hole if Haitians take for granted their responsibility toward that land. In addition, nobody is going to care about our wretchedness after the deterioration of Haiti. The reason is that, we close our eyes on Haiti's problems by thinking for ourselves, abandoning the land to itself, seeking refugee in other countries forever. If Haiti is sick today, its sickness must affect all Haitians because Haiti is every Haitian's mother regardless of the social class you belong to.

Haitians, open your eyes to obviously recognize who your true enemy and who really holds your country back from developing. The United States cannot prevent Haiti from working toward development. It is a shame on Haitians when stuff like that has been told. The reason is that, we never had an American on power in Haiti. It is always a Haitian. Dear readers think and deeply analyze this sentence by yourselves to come up with a good conclusion.

We should never think negative when dealing with positive issues. When we exhibit a pessimistic attitude, it becomes hard for others to take us seriously.

Even when our statements are positive and sincere, they will be taken as jokes. It is imperative to be very precise in what you say. The first impression is the standard that we should use to move forward. Love must be in the first row in every Haitian's heart so that we can stand firm against resentment. Mainly, bitterness is the cancer that ravaged Haiti and her children nowadays.

Wherever there is division, melancholy is on power. However, wherever there is organization, progress and success are champions. You, Haitian people, look at yourselves, let look at one another, and realize that the situation in which you are is not someone else's mistakes; it is gaffe of you all. No one from another country will come to handle your problems. Instead, they will exploit your inexperience to enrich themselves. Haitians, try to take over your destiny. Every one should feel guilty; everyone should be aware of the Haiti's situations; everyone should be ready to fight against wretchedness and disguise slavery in Haiti. Bob Marley once said, "Emancipate yourselves from mental slavery, none but our own self can free our mind".

As everybody knows that already, the United States is a country of refuge for everybody. The government has to be strong and must have a powerful diplomacy to keep the country sturdy. It depends on you to know how to play the diplomacy game with this strapping country to drag the best part to develop your realm. Do not let people make us ungrateful and cut the fingers that put food into our mouth. Why are there so many Haitians living in that country, working there to collect money for the realization of their own project; and you let people tell you this country is your enemy? Open your eyes Haitians, stop sleeping, and wake up to say no to that division set up by our leaders to keep Haiti stuck at the dead end.

Should the United States' government neglect its country to promote progress in Haiti? No, Haiti is an independent-country with a president as chief. The chief of state must look forward to looking for help from other countries to make the development of Haiti possible.

Based on the interest the Americans show for the development of their country, the United States' government opens ways for them by creating laws to secure everybody's wealth. That is why the American people love their country. We can do the same, if we want. The government must create ways for Haitian people to invest themselves in the country and create laws to secure everyone's wealth and security so that Haitians can love their homeland.

Resentment is a sickness that holds Haiti back from walking toward development. We have to eliminate antipathy from us if we want the country to go forward. Haitian people, reverberate well to see who your enemy is.

Your enemy is not a physical person; it is our conception, our dislike, our bad spirit, and our nastiness. We need to be born again if we wish to see progress in Haiti. As long as our eyes are not clear, Haiti will never take off from the non-progressive condition, where it has been since its existence.

Corruption is equal to trick and loot, bad administration and selfishness are equal to incompetence that carries false maneuver pasted and pieced without any technical strategy. It conveys as a result, regression, desolation, shame, and deception for all nations. These delinquent tactics constituted one among major obstacles to the development of Haiti, and therefore, placed the country in a desperate situation. If we wish to develop Haiti, it is imperative that we turn the page around and start with a new one.

However, we should not overlook the main purposes of regression of our motherland. They are the following: Immorality, personal ambition, competition of beautiful ladies,

The last model of automobiles to run in the whiff sludge, Beautiful houses in the people's blood that give a spirit of dirty grandeur without modesty and respect for an entire nation. That sophisticate corruption entered directly into the Haitian universities and ravaged all principles that are supposed to be taken into consideration. In addition, it made the university students to rush, without power, through the research of new technologies to lead Haiti through the progress.

Resources d'Haiti

Agriculture makes up 32% of Haiti's gross domestic product. Its productivity has been profoundly affected by the adverse effect of tropical storm due to missing structures that supposed to be in place. Haiti's primary agriculture products include coffee, mangoes, sugar cane, maize, rice sorghum and wood.

Industries

The different industries Haiti is involved in include sugar refining flour milling, textiles, cement, tourism, and light assembly.

Imports

Haiti's principle imports are food, machinery, and transport equipment and fuels.

Exports

Haiti's principle exports include coffee, mangoes, and oils.

Trading partners

Haiti's biggest trading partners are United States and Europeans Unions with 86% of Haitian's export going to the United States and 11% going to the European union. Haiti imports 60% of their imports from United States and 12% from European Union.

By the way, let me reveal some truth, the revealing story of Haiti is not told because we are colonized people who think still in slave. Deep down in the mind of color people, the African or black man even outside of Haiti is not capable managing affairs without outside help.

Naturally, it has been proven because, those who have been partly responsible for Haiti always defend themselves. However, what is important is that, mankind must make progress otherwise we all suffer; this is what make Haitian in this state. Since 1853 a plot has been formed to impoverish Haiti; it was accomplished by forcing the leader of Haiti to pay 90 million French francs estimated to $21 billions today. It is reassuring that the countries which have been partly responsible for Haiti's present condition have heroically risen to her help. I hope this will lead to the real-ization that we live in one world and pursuit of selfish or self-interest negates total progress.

Chapter 7

How can Haiti be developed?

"Nearly all men can withstand adversity; if you want to test a man's character, give him power."
Abraham Lincoln
Because of our mentality and behavior, in order to develop Haiti, we need to generate a large amount of modifications such as the following:

- eliminate spirit of upholding;
- selfishness
- racism
- looter spirit
- Immorality

In addtion, it is important to reflect on the following expressions as well:

1. Respect the laws
2. Team work and spirit
3. Respect for life and/or everything that exists
4. Have a clear conscience in relation to Haiti
5. Respect the national production
6. Upgrade professional products
7. Develop new technologies
8. Create a significant system for Haiti
9. Enter every citizen in that system
10. Create laws for securing everyone and punishing those who neglect the system.

People of Haiti; listen to how our cherished country can be developed. A long time ago, we had a mayoralty system in the country that never used any technology to develop the communal section that it ruled. Let us reverse the system; let us work hard, using our ideas, for ideas are the biggest tool that rule the world today.

If the mayoralty system cannot bring a solution in our communes, we will have to think about a new resolution that can be used as a replacement to this big entity. It is better to replace the title communal mayor by a more significant one called governor or departmental leader, who will have the power to develop his department. Since the world has begun, we have never made any effort to upgrade to the level of technology of today's world.

Let us put our heads together and think of a technology that can effectively develop Haiti. Haiti consists of nine departments that represent nine economies. Among them, one is wasting all the resources that the country possesses. Nobody had ever thought about a know-how or plan which would allow each department to benefit a useful development to favor each Haitian who lives in their department. In addition, that would permit the residents of that subdivision to live comfortably and to develop a nationalist spirit which would encourage them to stay home. As a result, our fellow citizens would have everything to satisfy their need in the department.

Mainly, this exertion requires a lot of reflections and calm spirit. All leaders in the world work today to get in competition with the other developing countries. Haitians can do it also because we hold the best productive land than almost all countries that exist on this planet. Haiti possesses nine departments that represent nine different economies. It is imperative that we think about what needs to be done to make the country productive by itself with its own resources.

Power is the faculty that men love. Let us help everybody who lives in Haiti become answerable. In each department, we need people to provide their technical knowledge and development spirit. That is to put them in charge of each subdivision. Those people must hold down a sound determination to work for the development of every Department. Moreover, those leaders have to seek collaboration of every individual who lives in that particular department. Those people must utilize all necessary techniques to progress the section in the benefit of the Haitian residents. This technol-ogy is the number one plan, which will allow the progress of our beautiful land. In order to make this job effective, the Haitian parliament must create laws to define the mandate of each Governor. Those departmental leaders must, first of all, be animated of good xenophobic outlook to permit him or her to perform his or her job accurately.

In addition, the parliament must create laws to determine the mandate duration of those Governors or depart-mental leaders. Alternatively, they can stay longer if the population and government officials found that they have done their jobs effectively. The parliament must provide details also on the wages of those leaders on a monthly basis.

Those governors or departmental leaders can either be nominated by the Haitian parliament or elected by the population. Prior to and after their mandate, an audit must be done in their wealth to avoid the waste of the richness of the state. In case of embezzlement, the case must be referred to the high court of justice for necessary investigation. This job has to be done without exception or exemption for the respect of the laws of the country.

The political parties' purposes "Politics: strife of interests masquerading as a contest of principles. The conduct of public affairs, for private advantage." Ambrose Bierce

To get rid of dissection, the parliament must work on a specific number of political parties in the country. A political party must be a tool for the development of the country, but not a tool of disorder or division to make the motherland becomes poorer. A political party must be ruled by an experimented leader that can provide detail scopes in political issues and show the capacity to rule the country.

Besides implementing laws to regulate the political parties, it is imperative that each governor or departmental leader becomes affiliated with one of them. In time of elections it would be mandatory that they pick from them to represent the party of their choice.

Consequently, the new president would, directly, come from these governors through popular votes. That will be a golden opportunity for those governors to perform an accurate job because their prior performance will be taken in consideration, should they decide to campaign for the presidency position . The central government must employ the scope people as supervisors. Those people must be respectful, kind, and honest! They have to do their job kindly without pressuring the governor in exercise of their function. The job of those supervisors is to take information from the department to the central power. That is to allow the central government to have control of everything in the country. Such a strategy would improve the economy of Haiti, for the well-being of everyone who lives in the country.

What will be the first plan or the job of those governors? The first job of that departmental leader must be based on agricultural development.

At this time, each leader will call the sons and daughters of the department wherever they are to convey their technical knowledge to move the department forward. The purpose of the call is to get together with the governor for the useful research. All that is, to look for the strategy possible to use on the research of the fertile land and what prevent the land from being productive.

Consciously, we believe that those agricultural technicians will be too happy to come over to offer their knowledge, in order to service their loving country. To prove the importance of that service, the Haitian congress must work also on the salary of those agricultural technicians, which is to allow them to offer an accurate job to the country. This also will permit them to take care of their family and to increase their love either for their country or their profession. Furthermore, each student who leaves the husbandry faculty must forwardly receive appeal from a departmental governor. As well as, the governor must lay out an amount of money to receive these future technicians for physical preparation. Such treatment will make the technicians feel proud for what they are, and will encourage every Haitian to urge their children to learn a profession or a skill as well. That philosophy may be able to help those technicians to work on the behalf of Haiti, their loving homeland.

By using that technology, the departmental governors will be in competition with one another to get new professionals. As a result, Haitians will be proud to live wherever in the country. If for example, a zone cannot produce, the governor must look forward to know the cause that prevents this zone from producing. Haiti's land is the best productive land in that region and we have to take care of it in order to make it productive for the growth of the economy of the country.

That governor system is the best strategy to allow Haiti to become the granary of all countries that cannot produce. From that time, Haiti will be one of the richest countries in the world; which would stop other nations from mortifying Haitians. The most significant task that the central power has is to join up the expert of all over the country to work on a plan that may be able to merge all Haiti into a system. In another way, a network must be built in the central department where all the other sections will link in to allow the government to have control of all nine subdivisions.

This new system of technology will, automatically, permit the creation of employments; and professionals in all domains will be valued. If the Haitian people agree with this advice and respect them, they will recognize the assessment of Haitians everywhere in the world. Each section must link to the central network that will force the governor in all departments to work better with a good administration in the section at the profit of the population who lives there.

The Haitian leaders always stated that there were not enough funds to realize this or that. Haitian leaders have to know money never comes over; you have to look for money. Second of all, it depends on the project that you have. If there is no project, no money will be given away or loan away, but if there is a project, any country will be more than happy to finance it. Like it is mentioned above development projects always interest all leaders in the world. Sometimes, our institutions could provide enough funding to realize any project of development in Haiti; but those funds have too many places to go. That embezzlement drives Haiti deeper to the hole of darkness. Let us stop requesting loan in liquid; rather request technicians' help to train our professionals so that we can make our own national production. This will be meaningful progress that could rush Haiti through the world market; with our own products like all other countries do to improve their economies.

Obviously, the only one effective faculty that we lack of in order to develop Haiti is: "willpower". Let us forget ourselves for a little while, let focus on the progress of our country. Because of our carelessness toward national production in Haiti, we get very little consideration in the world's eyes, which lower the value of Haitians in the international community. They look at Haitians as toys; they laugh at us, humiliate us and make fun of us. They look at Haitians like they are worthless. Nevertheless, we are a prestigious nation which works very well for the other countries. When we leave Haiti, as soon as we get into another country we conform to that country's law. But, for Haiti it is different; we take for granted our national laws that aim to progress the country. We do not have teamwork spirit to labor for the well-being of our own homeland.

Time has come for us Haitians to come out of division to get directly into reflection; to seek for the essential object that we need, what is important to solve Haiti's problems. We think that the idea of placing a governor at the head of every department is a perfect way, let alone the key to open the door of development in Haiti. The governors must deeply discuss with their teams the importance of technological research to develop their department. In addition, they would need to have an organized file where they keep the minutes of every meeting and store them in the national archives of the republic as reference to future governors. This book has to carry the name of the first governor.

For the question of electricity that is the blood of development, the governor of the section will join up with experts of the branch to inquire on how many megawatts needed to supply the local community. The result of every meeting needs to be taken into consideration so that some of its ideas can be transformed into projects in connection with the central government. The governor will sign a contract with other countries to install a system that is able to make use of solar energy to electrify the department. That same contract must prophesy equal formation of frameworks to manage the system. That is to avoid damage in the heavy duty that international technicians will install, which will be motor or other technical equipments. The governor must have available technicians that are willing to learn about the system. That means Haitians must exercise the resources of all departments "humans resources" to allow life to flourish for all citizens who live in that department. Dear patriots, it is not a dream; it is a reality. All tools are ready for the development of Haiti; we only do not have the preparation yet to apply them.

I sincerely believe that as soon as this book is published, all my Haitian brothers and sisters will read it, criticize it, make a precise of it, and put it into application. This attitude will make it possible for Haiti to develop which will encourage each Haitian to remain home to work in their homeland. They will offer their knowledge to the service of their homeland in order to make it beautiful in the eyes of the other countries that attach little importance to Haitians.

Haiti my dear mother, even though you are ugly, even though you are deciphering, even though division and bad administration get you on the bed of death, even though dealing politicians make you becoming a desert I still love you and I maintain my love for you for ever.

How the Development of Haiti can be Possible "Never vote for the best candidate, vote for the one who will do the least harm." Frank Dane

Subsequent to my reflection, to render development of Haiti effective, we should make the Creole the official language of the country. The reason is that Creole language is easier for Haitians to use as a means of communication. The French language will not be outcast, but can be used on a diplomatic basis. Comparatively, other countries employ the ordinary language of the population while using other languages for trade. Consideration would still be given to the French language. For example, educators would teach it in our classical institutions as a foreign language like English. This would encourage us to value the Creole language to smooth the progress of our beautiful country, Haiti.

French language twisted creepy spirit in memory of people from outside the capital. That means the ones who are not able to speak French. Nevertheless, approximately into all institutions in the country, they speak only French devoid of progress of Haiti. However, one of the best ways to promote development in Haiti is to use Creole as a tool of communication. By the way, it is the responsibility of the citizens of any country to make all nations respect their language by developing creative actions that should magnetize the world eyes. Moreover, they also can generate ways or they can apply their knowledge to develop new technology that can astonish the world. This kind of initiative will help the Creole language become famous.

Last, but not least, we can create activities that reinforce the use of new technologies to advance the economy of Haiti. In addition, all other nations will need to learn that language. That is to allow them to make business with Haitians, owner of this language. That is what we need to do to value our language. Are we ready to go, ok let us go! Despite the fact that they humiliate Haitian throughout the world; they recognize Haiti as a great nation as well. If we are great why do we refuse to value our grandeur? If they identify Haiti as a nation why do we hide ourselves behind a wall to prevent other nations from seeing us? Why in the world they tend to turn us down in foreign countries?

First of all, it is because they know we are a great nation, but we refuse to take the title. Second of all, it is because we disgrace ourselves by showing the world we are nothing. Third of all, we do not have leader to drive Haiti through real development. Every nation knew already Haitians are very intelligent, a nation who used to do miracles before international world; for example: The independence from French 1804, which astonished the world, because, an armless army defeated a powerful army. Sadrack, a young Haitian In 1988, in the area situated in the department of Artibonite name Saint-marc troubled an airplane even though he did not receive any training nor that he had any idea about how sophisticated the device was.

There was a young Haitian in north of Haiti who made a sophisticated portable weapons and else. In City Soleil as well, young Haitians were able to make big guns without any training whatsoever. Here is where our grandeur comes from. That means, if Haitians had good representatives who wanted to exercise strategy to develop the country, Haitian people with their intelligence could do great ventures in that issue. Why do not we want to put our skills to the service of Haiti so that other countries can stop laughing at us?

Today, Haiti is in desperate need of service from its sons and daughters. It is crucial that we make a teamwork effort to take Haiti out of the big hole of destruction where it is. Hurry up Haitians! Haiti is in danger, be ready to forget our anger and come together to save our motherland. We can do great deeds, but we just neglect to do hard work which can make Haiti look beautiful like a young woman who is ready to get engaged.

Today, we have to move towards the challenge that is in front of us; the challenge of Haiti's underdevelopment. That is the main point we have to work on; "division spirit" that is the cancer of Haiti's destruction. The economy of our beautiful and cherished Island collapses piece by piece. Moreover, the other nations just sit down peacefully to watch our simulation with this beautiful land that goes to the ocean every raining season.

By the way, cannot the rainwater that damaged our land be used for sprinkling in time of dryness? Probably yes, the departmental governors with their technology must apply the rainwater to sprinkle the garden when it stops raining. How can the water be utilized? The governor must employ high technological methods or natural knowledge to catch all rainfall that had broken our land. In addition, put that rainwater to the service of the land by employing big barrage to retain it. However, the departmental leaders must work on a quick forestation program to impede substance of the earth from going to the ocean. Haiti is an Island; thus almost every excavated spot brings forth water. Technicians have been able to make this observation several times in Haiti. If water can come up anywhere from the ground, why is it so difficult for Haiti to nourish its citizens? Why is it so difficult for Haiti to assist other countries in the world that cannot produce? Let's comment a little bit on that question. Haitian, let's take our responsibility toward our homeland to prevent it to finishing like a pencil beneath our eyes.

By the way, if we do not make any effort to rescue Haiti from destruction, where will Haitians go to live after that? Do you think the other nations will shelter you to their homeland? Based on how they treat us today, I am tempted to say that things will worsen tomorrow. No one is able to do anything for us, only Haitians can take over the destiny of our homeland.

Do not condemn anybody; everyone is guilty, because Haiti belongs to all Haitians. Let's eliminate our inferiority tendency and let's give a loving hug without spite and hypocrisy to rush Haiti on the road of development. This day will be the greatest day where every Haitian will sing together "Haiti is free" and this freedom will hold out for-ever with love and wisdom. The fathers of our liberty will be happy and will applaud. Every Haitian will cry together Haiti forever, Haiti forever, and Haiti forever; yes Haiti is liberated and independent. The nature will be happy and it will rain abundantly because of the happiness of the envi ronment. The birds will fly with liberty. The animals will be content with the abundant herbs available in their pastures. Moreover, the jasmines will flourish again to embalm the environment with desirable fragrance. It is not a dream; it is a reality that all Haitians need to believe in. However, all that will be possible by a unify vision of all Haitians who will be one nation under God through Jesus.

Chapter 8

The spread of idea and its value

"You have to remember one thing about the will of the people: it wasn't that long ago that we were swept away by the Macarena." Jon Stewart

Mainly, what is "Idea"? Idea is the biggest tool that the world employed to resolve any kind of problems that existed. In the opposite, as Haitians, we rarely showed respect for natural standards that can help us resolve problems. Ideas are not only the tool which we can use to help us solve problems; they can help us build any society as well. As early as 1828, an American named William Ladd sought to establish a congress of nations to settle international disputes to avoid war. Nearly a century later, at the end of World War I, the victorious nations set up a "general association" called League of Nations.

As important as William's idea was, by 1920, 42 nations had sent delegates to the league's headquarters in Geneva, Switzerland. Later on, 21 other nations joined with, evidently the absence of the United States. Subsequently, Opponents in the United States senate had argued that the membership in the league went against Georges Washington advice. When they failed to halt warlike acts in the 1930s, these same opponents pointed to the failure of collective security. The league was a peacekeeper without a sword. It possessed neither a standing Army nor members willing to stop nations that used war as method of diplomacy. Creation of the United Nations, from the same William Ladd's idea

"Ideas are for more powerful than guns. We don't allow our enemies to have guns, why should we allow them to have ideas." Joseph Stalin

Subsequently, United Nations was created at a crucial moment. Twice, the Nations tried to settle peacekeeping orga-nization, the result was naught and conspicuously absent in the United States. Non-membership in the league did not protect the United States from the horrors of war. The Japanese air attack on Pearl Harbor, Hawaii, the nations stated that the United States could isolate itself from the rest of the world. As World War 2 ended, the United States hosted a meeting in San Francisco to create a new global peacekeeping organization in 1945. There, delegates from 50 nations hammered out the charter of the United Nations. Since then, United States has showed up its supremacy. The document's preamble set forth a formula for international peace. That is what ideas can do. Today Haiti is now facing the most difficult moment since its existence as a nation. Haitians must work to come up with new ideas to end the no progressive tendency that ravage the Haitians' economy for 200 years. As William Ladd, I carry out this proposal to ask each Haitian to think about new ideas that can bring them together in order to develop our beautiful land.

The world is in distress, United Nations is powerless. In this case, the UN needs to be thought over. Logically, rethinking the world is the purpose of the residents of the Earth. That is why leaders all over the world with a unified vision and common agreement voted the title "UN" United Nations.

However, if that organization failed in its mission, which is the security for the world; the residents of this planet must once again assemble in order to rethink the future of that prestigious entity. It was a giant idea, when United Nations has been formed. Probably, this idea did not come from a human being perspective, but from the creator himself. Today, the thinkers must speak up about the controver-sy that occurred through the world. The world is in distress seeking for the comprehension of its leaders. Haiti is also in distress since its existence the United Nations revealed that disorders and chaos are on the rise. In Iraq for example, the United Nations supervised the Iraqi's nuclear arsenals, they found no dangerous weapons. Nevertheless, the United States invaded that country destroying almost everything including human life. Israel menaces to invade Iran and North Korea made big nuclear tentative. The United Nations intervention did not mean too much in that issue.

United Nations dealt with dishonest people who do not even care about others' wretchedness. For that reason, the United Nations needs to be reevaluated.

A flash on United States and other organizing country "The body politic, as well as the human body, begins to die as soon as it is born, and carries in itself the causes of its destruction." Jean Jacques Rousseau

Furthermore, the United States which become today the first mighty of the world did not receive that title devoid of sacrifice. These people did have difficult situations like Haitians who almost have no place to live today. The only difference is, Americans people provided objectives and visions to go out of wretchedness and have well-groomed leaders who thought forward for the future of the nation. The leader of the United States upgraded their knowledge to reflect about new technology that could be first-class for the country. Furthermore, they tested every type of techno logical device for accuracy. That is the difference between Haitian and American people. Haitians did very little or nothing at all when it comes to train well-known leaders who could take better decisions in order to implement development in Haiti by improving our geographical areas. In addition, those leaders made no efficient use of their brain with reference to new strategies to promote expansion.

Should they implemented that Haiti would become an advanced country similar to those that progress on the technical and economical plan.

Formerly, the united States were not great. Their expansion relied on the technology they made use of. Moreover, other nations approved of their advanced technology and as a result bowed their heads beneath the supremacy of this country. The United States remained a blessing country despite all critics that they may pronounce against them. God did not bless this country because they acted well before His face and walked right. They have credit from God because they esteemed the health of the natural environment. They have structured organizations that respect laws and regulations they made. With such a well thought-out system, they were able to control everything and shape a scheme to enter the whole USA and everybody within their system. Everything that has life is considered to be in the first position in all that they do. As a result, they received the blessing of God who always is after people that act with kindness toward others. The United States satisfied the requirements; God provided them this grace and they shared it with others. May God continue to bless America!

Today, if Haitians would take a little example of this country, in 10 years we would become an advanced nation. We would provide the capacity to nourish our people and would export food in the world. However, only one thing we request from the United States government is "take a little patient with Haitian people".

Because the time of our freedom will ring to liberate beneath chains of slavery and sadness in which we are still living 200 years ago. For me, that kind of slavery is harder than the one that the French people brought in Haiti before 1804; we put ourselves into a slave-like situation. In my imagination, the slavery chain has almost broken, it is carboniferous. Only Haitians with good understanding can hear how it cracks. Only those with a unify vision will hear its crackle. This day will be the greatest day where all Haitians for the first time will get together and put aside their antagonism to join their common sense in order to develop Haiti. If the United States Government deported Haitians wherever they may be in the country today, it is not because their administration hates Haitian people. By acting that way, the goal of the US government is to let Haitians know that they are capable of doing in their own country what is being done in the United States. Haitian must employ their brain to develop their land just like the American people did to build up theirs.

The United States leaders created laws to cover everybody, and valued everyone's idea in the interest of the country. It should be the same for us Haitians. We need to get together to act and respect the life of everything that exists regardless of its size; even an ant, because it has been created by the creator for a specific purpose. At this time, God will bless us like He blessed the United States people. Sometimes in my reflections, I wonder whether God forgot the Haitian people! The answer was always negative.

No, God did not forget about us instead, He watches us to perceive what we are doing, and He waits for something special from us like the following:

1. - Stop lying,
2. -tell the truth;
3. -Value technology; –Throw away magic or Voodoo;
4. -Stop killing one another reasonless;
5. -provide priority to life over death;
6. –Throw away the racism spirit;
7. -Love each other.
8. -Stop using guns against your brothers;
9. -Be honest;
10. -stop hypocrisy;
11. -Stop raping women;

Stop all those nastiness. Then, God will do His intervention to say, stop your nonsense so that abundance and richness can come into this country, and Haitian people can go out of humiliation and deception.

Normally, the United States should not forget about the roll Haitians people played when they were attacked by the other nations. Moreover, we should not forget also the help of the United States in economical domain.

If we are in difficulty today, we ask the United States to continue to support us until we will provide a good leader to take care of the development of our country "Haiti". Be patient with us until we train leaders with vision that detain firm determination to work on the country's behalf, which will make all Haitians feel comfortable to remain home. That decision will allow Haitians to work for their homeland to make it beautiful and fresh.

Pragmatic, determined and authentic leaders who will provide a patriotic sentiment; behold the kind of leaders we are looking for today.

Haitians who live out of Haiti think of their homeland from time to time. Some, depending on what and who they left behind, think of it more often than others. When I think of my own relatives in Haiti, tears never stop dropping from my eyes. My tears grow even deeper when I think of the multitude of those that fell under the guns of their own brothers.

I will not stop weeping as long as Haitians do not open their eyes to perceive where they are. As well as they take no time to examine where they are going. I believe the day will come for all Haitians to wake up. Regardless of your social class, religious affiliation, intellectual capacity and all the more; as long as we do not stop killing one another, lying to one another, as long as we do not stop double standards and destructive critics, as long as we fail to consider ourselves for who we are: brothers and sisters; we will remain forever in shame and humiliation.

Haiti, our motherland, and land of my blood I love you; I will never stop loving you. When our eyes open, we will look at one another and become aware of the declination of our country. Land we swear to take care of, land for which we have obligation to work, we will cry with wide mouths and say we are all guilty.

Then, we will combine our effort for the development of Haiti, our homeland that has been suffering since 1804. One thing that makes me feel ashamed and sad everyday is when I hear other people talking positively about their countries. They take pride in their homeland, but for us, it is only by audacity we can talk about ours. Oh! It is a shame! When will we, Haitians, be liberated under the chains of deception that want to carry us to the hole of darkness? Formerly, Haitians were so valuable that every nation wished to have us on their side.We were, then, as precious as gold. Oh! It is hard, it is humiliating, and discouraging, but anyway, we sincerely hope God will do something for us if we respect his name.

Hope do live, wind of a new life"People demand freedom of speech as a compensation for the freedom of thought which they never use." Kierkegaard Subsequent to 1986, a wind of alteration began to blow among the Haitian people. It was the time when Baby Doc was exiled to a foreign country. That occurred because Haitians felt tired with bad treatment and deception every day. From that day, the eyes of all Haitians opened and each Haitian began to have love for one another in their hearts. Same feeling and same love started to flourish in the heart of each of them. That brought a real hope for this land that suffered non-stop blows from false leaders since 1804.

At that time Haitians thought of creating all kinds of movement. They debated together on how to defend their rights as human being. Those movements started very well and the people commenced to civilize. Because, organization is only one factor that is able to fix all people who detain curb spirit. Then, traditional leaders entered in the movement and disorganized all spirit which was organized. They caused these organizations to become movement of destruction instead of construction.

The famous Haitian prime minister, sir Jacque Eduardo Alexis has a positive spirit of organization He rushed an appeal to all Haitians to come over to

Work together to develop Haiti. He made that call on a Labor Day May 1, 1997 while he was at a location west of the Capital.It was the city that gave birth to the Haitians Flag; "Arcahaie". From that day on, my colleagues Bermann Larose Joseph, Elisee Joseph, economist Jean Claudisson Depeigne, ingeneer Periclès Perius and Mr. Yssoinel Louis etc and I, Amonnon Louis felt a patriotic sentiment, and a great love for the country.By that statement, we urged ourselves to work in the development of our country without any embarrassment.

Chapter 9

CPPNH foundation

"The more that is given the less people will work for themselves, and the less they work the more their poverty will increase." Leo Tolstoy

The day of January 25, 1998, the individual cited above came to Mr. Bermann residence to discuss on a project that pertained to the foundation of an organization. The aim of that organization was to put into action plans that could allow us to work better for the development of our country. On the same day, we came out with this title (CPPNH) which was (cooperation pour la promotion de la production nationale d'Haiti.) Shortky after, a committee had been formed with the same team and we did not take too long to enter to work.

The CPPNH was an organization socio-politic created at a very special moment in the political life of Haiti. Haitian politics is often perceived on a different edge; we wanted to go ahead with the implementation of a new technology for a new system in the politic of the country. It was to set up a system that would promote creation instead of destruction. The objective of everybody in that organization was to work on the advantage of the poor. With this initiative in mind, we tried to create all kinds of activities, non-contrary to the law of the country. That strategy permitted people to work and to think about the political situation of their country. As members of this organization, we were very determined to create, among us; a healthy climate to show to the Haitian peoples the true meaning of unity.

In response to our objective, the board of the society formed (HP), meaning (Haiti production) for the creation of mode and of factory service. It was an institution that created plenty jobs.

This initiative delighted people; because many Haitians were able to walk out of unemployement. It was a very good project that economically helped fight wretchedness and hopelessness in Haiti. However, this was not without difficulties, the team director experienced many economical obstacles. Nevertheless, we did not give up. In spite of impenetrability, which means not having enough funds, we arrived to do marvel, as we are a phenomenon nation.

To open that company, the biggest problem that we encountered was to find a place to install the material of Haiti production. Subsequent to the waste of time in search of a location from the hall town of the capital, we endured several other types of problems. At that time, Patrick Norzeus was mayor of the hall town of Delmas. We went to the town hall with the goal to meet the Mayor to discuss with him about that common project. The main purpose of our presence was to get accommodation support to install the materials which would allow the realization of that project. In reality, we looked for help from the town hall be-cause we did not have enough money to finance the project. As it was a common scheme, we felt free to search help from state government to continue that plan.

Ascertained that it was a good venture, the mayor agreed to provide us lodging support to install the materials with promise that he will give 15 sewing machines as participation of the town hall to that assignment: false promise.

Nearly in February 1998, mayor Patrick Norzeus unloaded to the building situated by 33 Delmas building # 2. That visit was to hand over the keys to the team director of the CPPNH. That was to allow us as well, to install the materials of Haiti production in the goal to start with the dressing maker company

Dear readers, I am telling you, it was really a miracle, there was God spirit with us. God did His intervention among us by providing us with assistance to continue that project. We were working with hope and joy at all times. We had no fear because God spirit was constantly at work. Of course, He showed up to promote us to be more efficient in our duties for the well-being of our society. We believed in the job that we provided to the population. In our ignorance, we thought the government would support that project to frame the team in charge to offer a better service. However, we were mistaken; the government did not have any plan in mind to prepare its citizens for the future. We spent the whole year of 1998 working with the weak economical resources to demonstrate the answerable of Haiti what we can offer. In the meantime, we created more jobs in order to lower the unemployment rates in the country. They shut their eyes and their ears at us to scorn the project. Furthermore, they did not pay any attention to what we were doing. I found that to be a real shame. They believed rather in looting and scheming instead of investing in people who proffer themselves for the development of the country.

In addition, the Haitian government did not consider Haiti as a productive country. Instead, they only believed in reproduction. In our experience, we believe that no country in the world would be able to provide accurate assistance to its people by adopting this strategy. Therefore; Haiti needs to reevaluate its way of thinking. Please, give Haiti a chance, dear leaders. For Haiti to have this chance; Haitian leaders must change the frivolity system that they exercise against the country. We in CPPNH, perceived always development of Haiti in another level. By the way, it was not in our mind to think the same way as the others do. However, those leaders always cared for themselves adjacent to the will of others.

The reason why the team of the CPPNH always bound together is because we believe in unity. We were in no way tolerated traditional leaders to manipulate us through disorder against Haiti. In our imagination, we thought further to perceive that, those violent manifestations were to destroy the wealth of Haiti. That factor had never taken the country anywhere than the abyss. Those traditional leaders worked forever on behalf of a team whose sole purpose was to create political instability in Haiti for the benefit of their bosses.

To come over with the main subject, Patrick Norzeus really provided us some accommodation to install the materials. In the same way, he betrayed us by using the double standard system. They applied often that tool to destroy Haiti, which is hypocrisy. That means everytime they need to retract Haiti, they employ that tactic, which has been in use since Independence Day.

They destabilized the enterprise of Haiti's production. They laid off everybody who used to work for that company;

as a result, the team director of the CPPNH was in deep trouble. The purpose of almost all Haitian leaders was to destroy the economy of Haiti. For instance, Patrick Norzeus and Evelyne Perard truly resembled this remark.

The Haitian rulers have never thought about how useful technology is to develop Haiti. As I said before, they did not believe in production, but in reproduction. Patrick Norzeus and Evelyne Perard were two destroyers. They had broken down the enterprise with the goal to impede CPPNH team director from using their skills on Haiti's behalf.

However, they played and they won. I sincerely believe that Haiti will develop as well as be delivered from those kinds of people.

Patrick Norzeus provided a building to the CPPNH team director. It was with the goal to employ us to fire tire for him to contribute in the destruction of Haiti. He manipulated many association leaders in that manner. This is only because they did not realize that destroying the country is destroying them.

Who is Evelyne Perard? Evelyne Perard is an old lady, she ruled a separate program from the government named PNCS (programmed national cantina scholar) this program shared the same courtyard with Haiti Production, an enterprise that created jobs. As she had power, she employed her power against this creative institution. As the game was always the same in Haiti, nobody dared to create useful thing to help the growth of the economy of this country.

She exercised her supremacy against CPPNH team because in her vision; she thought that movement could lead Haiti through a radical development. How that was happening? 23 December 1999, Evelyne Perard unloaded with her team of murderer; she seized the keys of the enterprise with everything in it. For further clarification to the Haitian rulers, the CPPNH team director spent approximately two years approaching them. That was in the goal to re-open the enterprise door to continue that significant project. However, no one cared about that opportunity.

In fact, none of them paid attention to us. However, they were not looking for progressive people, but they looked for gangsters instead of producers. Until now, the file is still opened at the lawyer's office in the Haitian capital for further investigation. Subsequent to all procedures it was clear that the Lavalas members refused to help us continue our mission for the progress of Haiti. As a result, the criminal of this political party power determined to kill the leader of that movement. He has been marked down because of his determination to lead CPPNH through progress. That violent pressure obliged the president of the organization to take a forcing exile to United States, where he is living a savage life without his family, his friends and his colleagues.

The human rights for all reports on Haiti

"You only have power over people as long as you don't take everything away from them. But when you've robbed a man of everything he's no longer in your power -- he's free again."Alexander Solzhenitsyn

Following to the report of the organization of human rights, Haiti is the country where the rate of starvation is the highest in the world after Somalia and Afghanistan.

One percent of the population controls all the resources of the country nearly half of all of Haiti's wealth. Haiti is the poorest country in the western hemisphere, the fourth poorest country in the world. Haiti ranks 146 out of 173 on the United Nations Human development index. The Haitian has a life expectancy of 52 years for women and 48 for men. Adult literacy is about 50 percent

Unemployment is 70 percent, and 85 percent of Haitians lives on less than $1 U.S per day. The above statistics show the fact that Haiti has had problems for decades. The question is how the Haitian leaders feel when reading this report. As Haitian Citizens, we must feel embarrassed because Haitians are human being like every other people on the face of this earth. Haitians are not doing anything for their country; instead, they are hiding into the foreign countries to receive humiliation and deception. Sometimes, death is better than life. People who cannot invent anything deserve not to exist! We believe that, the Haitian people have to think merely about this melancholic purpose in order to come up with a truthful result.

Flash on the world

The world leaders inquire about a new philosophy that is able to fetch peace in mind, but they have not come to an accomplishment yet. Some think they can discover peace with regular arms, nuclear weapons pressure; others exploit the terrorist system to scare the residents of the world. The one who attempts to control the world put themselves in the offensive position, to refrain people from expressing their frustration. What they use to make it happen is the threat of their heavy weapons.

Some of them wanted to let the residents of the world understand they are the only masters detaining power to lead the earth through peace. To their opinion, the rest of the humanity must subdue under their order. The result of that is abuse, heart broken, and terror that are spread all over the world. They put themselves as the only nations that have the authority to possess heavy weapons that are able to destroy humanity.

Where do those philosophies lead the world to? How is that going to be at the last day? The world is divided into several pieces of land; each nation has control of one part. The resident of each piece of land chooses to write some rules to respect and to follow just to give more sense to life. However, they act like many others who write rules on pa-per, but who never paid respect to them. Those who did not respect the rules were always in the shame before the eyes of other nations. However, the nation who followed the rules joked at them because they cannot make any progress.

They often drawled out behind or under feet of other nations to seek little piece of everyday bread.

My question is that, is it possible for the purposes to remain unchangeable on the earth? Is it better for the world's leaders to think a little bit about this dilemma? Meanwhile, they must rise up their heads and look at the planets above. Is it not better to reflect a little bit about the variety of stars in the sky?

They disappeared when the daylight comes to yield to the sun which provides power to electrify the entire earth? Where does this technology come from? Who provided knowledge? Why knowledge cannot be exercised according to the principles that had been established by the creator? Why is there so much nastiness in the world today?

God created not man for a reason? In addition, who created man? In what objective man has been made? How many types of brain powers are there? Why some do applied their intellect to bring fourth good things, and some others to destroy? Has everybody been created for the same goal? Let us think about those questions! Do the best you can to satisfy yourself with some good answers.

Mainly, the foremost obsession that causes the earth not to be at peace today is that, the principles that established by the creator had not been respected. The world leaders asserted that they could provide peace in the world. However, they cannot even provide for their own safety. By the way, the creator sits down serenely in his throne to observe men who are lying to themselves about things they cannot do.

For instance, despite of all fitness men can prove of today, in spite of all presumptuous attitudes they may display to let others know that they are the master of the world; they kept on going from failure to failure. Consequently, the day almost comes where everyone will know whom the earth really belongs to, or who is the real master. Oh! There will be crying and grinding of teeth.

Chapter 10

Is it possible for a thirdworld war

"An administration, like a machine, does not create. It carries on." Saint-Exupery

Truthfully, the First World War exploded because everybody looked for their own interests in each corner of the earth. First of all, some needed to have more space to establish their territories while others wanted to drive people into slavery. Second of all, the other nations did not stay with their hands crossed. The most powerful ones exercised force to gain what they desired without any condition. Since the mid-1800s, a spirit of war had been built up and intensified among some of the countries in Europe. As Western industrialized nations, each sought the most favor-able conditions to increase their economic capabilities. That led to intense competition. As industrialization spread, the competition grew keener.

One by one, Great Britain, France, Germany, Austria-Hungary, Russia, and Italy sought to acquire new markets, to establish and expand global empire.

Thinking a little about what really caused World War I; I would say that God created men with intelligence for the good purposes of His glory. Nevertheless, men utilized this richness against God and to the detriment of themselves. Since before World War I exploded, some countries commenced to do the provision for the war because they had already in mind the spirit of war. There was alliance everywhere. Big countries sought for support from larger friendly ones in order to show how prepared they were for the war.

According to the world history, Italy joined Germany and Austria-Hungary; they made an alliance of three in 1882. France and Russia formed an alliance of two to fight the triple one in 1894. According to history, Germany was the country that provided heaviest weapons and army munitions in Europe in the 1900s. In 1905, France and Germany were back to back for question of land. Still in 1800, Great Britain wanted to maintain the lifelines of its empire and kept opening the sea-lanes because they needed it for trade. Great Britain also wanted to make sure no other nation became strong enough to attack it. France, on its side, pro-jected to add mineral-rich Morocco to its gains. From 1905 to 1911, this intention caused Germany and France to come close to war. The disparity among the nations showed that they did not make any effort to avoid the war; instead they were in search of opportunity to get themselves involved in it. Really, at the summer of the year 1914, the war started in Austro-Hungary, a province of Bosnia Herzegovina at the

Balkan. This was due to an assassination that incited many troubles. In fact, this event was not a first time occurrence. By the same historical sources, in August 1914, the major European powers were at war with each other. It was in the same time also, big arms began to develop. That came to change the tactic of war in the world. The big war exploded on June 28, when Archduke Francis Ferdinand, nephew and heir to Austro-Hungarian emperor Francis Joseph, paid a visit to Sarajevo the capital of Bosnia-Herzegovina. Francis Ferdinand planned, upon becoming emperor, to give the slavish of Bosnia-Herzegovina and other part of the empire a voice in the government equal to that of the Austrians and Hungarians.

This political action might have defused the movement for a separate Slavic state. Before Archduke and his wife, Sophie, began their ride through the streets of Sarajevo in an open car, seven young assassins had already taken their places along the route. All were members of a secret group based in Serbia known as the Black Hand, or union of death. Even though Archduke and Sophie survived in the first murder attempt, their luck did not hold. When the couple's car took a wrong turn, a 19-year old gavrilo pricip fired his gun, fatally wounding them both. It is a brief reminder on how World War I began. Today, when we looked at what happened in the world, it scared us, as long as it seems to be the same amalgam. When alliance began to form, it was an anticipation to war; then, I warn the leaders of the world to carefully watch their steps.

Today, the European countries are united to seek more power. As everyone can ascertain that, every small European country is making remarkable progress. However, one small problem I noticed is that contrary to the countries in the North American continent, they are fighting every day between them to apply a theory that is not in favor of their residents. This misapprehension brings crime, starvation, political instability, and disorder in all administrations of these small European countries. This negative situation may cut short their progress toward industrialization. Could we ever think there could be so many problems in a continent where the most powerful countries are located?

In a sense, Haiti is part of the great mighty of the world because of its proximity to the United States. Yet, Haiti has many problems. Where did the problems come from? Why are the European nations doing so good and taking pride in themselves and we cannot do the same in the American continent. Why aren't the countries located in the American continent welcome in America? Why isn't it necessary for the citizens of Europe to carry a visa to travel anywhere in Europe, and we in America are under obligation to carry one for travel in the North American continent? It is a shame for the great mighty of the world; I am scared for an American revolution. The United States leaders must think seriously about that question.

Let us talk a little bit about a very significant matter. The United Nations whose mission is to survey on all countries that make disorder in the world in order to show how to respect human rights, failed to accomplish its goal. By the way, that prestigious organization became today supporter of disorder in the world.

If I should take Haiti and Iraq as examples, I would state that our brothers and sisters, soldiers in the American army, got killed everyday in Iraq. Multitude of Iraqi people got killed on a daily basis. All of that is the result of personal political reasons between a leader of a great mighty and a cruel leader of an Arab country.

The United Nations, in reference to its mandate, should have been able to ease the situation. A personal political reason did not need to lead innocent people and military to death. Right after its foundation in 1945, its mission was clearly defined. In 1977, United Nations urged arms embargo against South Africa because they refused to esteem human rights there. Therefore it is the same for Iraq and Haiti; why did not the United Nations use those pacific arms to avoid that laceration in those two countries? Haiti and Iraq are until now members of United Nations; those two coun-tries are waiting for help in a black desolation.

I would like to remind the UN authorities about their first declaration in San Francisco in 1945. It is said: "we, people of the United Nations, determine to save the succeeding generation from the scourge of war, which twice in our lifetime has brought untold sorrow to mankind and to reaffirm faith in fundamental human right...; and to promote social progress, to better standard of life and to promote our strength, to maintain peace and security, and to ensure... that armed forces shall not be used, save in the common interest... have resolved to combine our efforts to accomplish these aims".

This is the statement of the United Nations at the time of its foundation. What do you think? Do they respect this statement today? Is it normal for all those attacks in the world today? Is it not possible to rethink the United nation today for a better escapade? If the leaders of the world do not have a head-to-head, what will be the future of the world? One thing is certain; the third world war does not belong to men but to the creator of the world.

Bewilderment in the world

"Objection is when I say: this doesn't suit me. Resistance is when I make sure that what doesn't suit me ever happens again" Ulrike Meinhof Given that the United Nations revealed incapable of bringing solution to the world's dilemma, I believe it would be better for the world's leaders to search for their own solution. In the opposite, they have no choice but to rethink the structure of that prestigious organization. The world is not supposed to be in a state of neglect with anybody to care for its future. It is important to remember that this same situation gave birth to the First World War. In the time prior to this heartbreaking event, everyone did what ever they wanted, thought by themselves without anyone to stop them in their negative thinking.

That matter brought teardrops to the eyes of mothers and fathers; sadness and stress into the hearts of the residents of the earth; jump hearts and headaches carried every day anxiety in the life of the human race. The thinkers have to quickly get together into deep reflection to provide an excellent result to this miserable question. As William Ladd in 1828 came with the idea for the nations to get together in order to think about a purpose that can foresee the world war, it is imperative for today's world leaders to sit together with a common sense to rethink the new future of the United Nations. By taking this idea into consideration, the organization will be able to utilize the same strategies they used in the past. They will use stronger tools to provide new directions for the improvement of the world's security.

Ambitiously, the European countries amalgamate to be stronger, because harmony equal power. Strength and power convey always aspiration to rule. Those who have ears to hear, hear; and those who have eyes to peep, do not remain without saying anything. Speak up and let the world hear your voice about that terrible future that is awaiting the residents of the earth. If you do not speak up about what is happening in the world today, later will be sadder.

The fact that Europeans do not have to have a visa to travel throughout Europe, allow them to undergo free to decide what kind of life they want to live; what part of Europe better fits their lifestyle. We reiterate that it is not the same in our continent, because the leaders of the American continent do not get along with each other.

That hullabaloo means for the true thinkers that America does not belong to Americans. That is a political issue that deserves a reflective attention. The leaders of Europe organize themselves in a way that every European feels comfortable and proud to stay in Europe. They enjoy any part of Europe to work for the growth of the economy of that region. This will make Europe stronger and more powerful every day that passes by. They decide to create a unique currency, which is the biggest agreement that drives to success.

The European Union unique money (the Euro) is the strongest device in the world today, such strength can increase the European ambition in the question of war.

What does this insecurity system mean for the residents of the world today? That means the leaders of the world have to think wisely to avoid natural cataclysm of a war without resemblance. The nuclear weapons menace and its misuse in the world cause a lot of jump heart between the thinkers. The leader of the first world mighty made too many mistakes that inflate more arrogance in heart of leaders who rule other countries on the earth.

Who would have to talk about this issue? The United Nations. Unfortunately, this organization has no more strength. The nations have to get together one more time to rethink United Nations; in order to arm them with the same strength that they owned before. The warning war does not kill disable, I warn the leaders of the world to quickly reflect on this delicate purpose.

Powerful man must not make mistakes, because since there is abuse, there is revolt. Revolt always carries tears to eyes. Every time there are moan to eyes, there is anxiety and scariness. Anxiety and scariness always bring doubt. Moreover, doubt comes with attack and attack never walks without death. As a result, let us think together to avoid those dangers.

We possess already the biggest tool that is able to solve any kind of problems through our creator who always takes care of his creation. He provided us with intelligence and good understanding to sit together to search for solution to problems that can endow with destructive war to our humanity.

If we experience all these jump hearts and headaches in the humanity today, it is just because the structure of the world needs to be rethought. To rethink the world, its leaders must quickly meet together in a unified vision to express ideas on how it is possible to stop the increase of violence among us. In that meeting, each leader will express their idea about the problems that the world is facing, what caused them and how to get to a solution. If this was taken into consideration, we would not experience the war in Iraq where dead bodies are being found on a daily basis. This picture is ugly and should not be happening among us, because life is too precious. People are not supposed to lose it easily like a cow in destination to the butcher.

However, that happens because of the United Nations failed to its mission. As a result, stress, desolation, and tears to eyes of the mothers and fathers. Is it possible for the United Nations to have an owner? No, where there is an owner there is tolerance, and where there is tolerance there is partnership. Partnership brings always sensibility. Sensibility always brings lack of responsibility. Lack of repossibility comes always with resentment, and resentment always brings as result revolt. Ah! There is no game in that issue, the rulers of the earth must take caution in this fragile moment.

In the past years, the United Nations was truly in control which allowed them to endow an accurate job in the world affairs. The speech of the leaders of this organization was very strong. Every decision had to meet the agreement of every nation through their representatives. The reason our world faces so many problems is because nobody cares about this organization's order. This explains why tears keep on falling in everybody's eyes and unhappiness planes all over the world of thinkers.

Terrorists want to destroy the earth. Bad rulers' trouble people everywhere and the military chiefs do not respect human rights. They killed people for no reason in coup attempt against legal power. They do not have any experience in political issues, which makes the blood of innocent people dropped non-stop. This dilemma provoked anxiety in the world.

By the way, the diplomatic dialog as written in the United Nations peace statement in Geneva 1945 becomes powerless. What does that mean? The world shackles; leaders of the world, you must say something at this critical moment to avoid a third world war that might carry an unbelievable bath of blood on the earth.

Haiti, a little country that is back collar shirt of the United States, took independence from the French in January 1, 1804. That was under big gunfire and deception that Haitians cried bomber assault against the French Army that was very strong at that time. The French Army could not resist the Haitian's Army pressure. The Haitian Army was so small and less equipped but strong. That small Army obliged the French Army to leave the land. Haiti faced all kind of problems since its independence, because there was no preparation for this big conspiracy.

Today, Haiti becomes a desert where everybody sits down to watch how it will collapse. Nobody cares about Haiti and provides any support to stop the destruction of the land. Political problems everyday, Haitians kill Haitians; political leaders instead of paying attention prefer to lie to each other, which take Haiti more in more into abyss. The United Nations as a peace maker organization never takes any action in this issue so that Haiti can embark on the road of security. Even though they are present on the field, Haiti remains unchangeable.

The members of the United Nations who swore to keep their words and to prevent attempt against legal power in the world, threw away that statement without informing anybody about their new policies. If I had to make a comment about the United Nations, I would say the United Nations lost it strength since the conflict Israeli-Arab. In the United Nations statement in Geneva 1945, they declared that they were going to work with determination to prevent leaders all over the world to use the method of armed forces to solve problem. But today, everybody can ascertain that cataclysm keeps on ravaging humanity. What happened today in Iraq and Haiti?

In Iraq, malefactors killed civilians as well as militaries in mass. When looking at the scene, you can easily discover that there is, absolutely, no justification for this bath of blood. Also in Haiti, malefactors murdered our police officers and destroyed the population. The gangsters raped our young women as well. All those amalgams brought fear and headache to the resident of the world. That melancholic issue that the world faced today has evidently shown the failure of the United Nations. For this reason, the leaders of the world must join up one more time, to take a new decision to rethink this organization. That will be done in the goal for the organization to maintain the same governing power it had before.

The United Nations should not be subordinated to any country. In the contrary, it should be to control all countries regardless of its capacity and/or military power. Many countries got together to establish United Nations so that no particular nation becomes chief or master of the world. If the United Nations' order cannot be respected nowadays, members of every country must once again sit down to gether to strengthen the structure of this organization. Other than that, the organization will no longer be able to hold its position as the head Nations.

At the time of its foundation, world's civilization was not as advanced as it is today.

Therefore, it is imperative that they bring the policies of this organization up to date to compete with the postmodernist world that we are living in. In addition, "The United Nations is in no way under the tutelage of a country". Leaders of the world, I invite you to rethink your personal strategies of command. By the way, it is crucial for you to think together about the world's controversy; otherwise, the world will move through a great cataclysm. Perhaps, the others do not ascertain the situation, but I accept to take the blame at the risk of my life to bring it forth. The general history will clarify the reason. If the Europeans countries organize themselves to look for more economic power, while the American continent fights for lack of food, what would be the outcome for America? There is nothing else than weakness and anger.

The leaders of the United Nations had foreseen in the preamble of the organization to support the country with no means of development. Today, Haiti needs help from other Nations to get off from the scourge of underdevelopment that hit the land since after independence. United Nations' leaders, I take the responsibility to say that the game is yours. The Haitian people are tired of waiting for your economical intervention at this time. Haiti does not need any more ONG, because the ONG system brought more disorders and tricks in small countries than development.

Moreover, I believe that the United Nations leaders will agree with my statement, because they know more than I do on this issue. If ONG is the source of development in some countries, but in Haiti, it is different. By the way, each per-son who wants to gain more wealth founds an ONG to seek fortune to the detriment of the Haitian people. However, PNUD, UNISEF an USAID do not make any investigation to unmask those thieves. They misappropriate large amount of money to put fill up their pockets. As a result, the population dies of hunger and eats the dust of the ground while the country plunges deeper into the hole of destruction. I want to remind the United Nations' leaders that the organization was created to negotiate peace, security and progress for the world. Haiti is also a member, it needs support now, hurry up because Haiti is on the edge of destruction.

United Nations needs to be rethought because of its weakness. Election remains only the legal and reliable way to allow people get on power in any country on earth. The Haitian's constitution acknowledges that regardless of the reason for the departure of a president, elections must be held in ninety days to fill up the empty seat. Why cannot this principle is valued? The United Nations, as a great peacekeeping organization, witness the disorder without saying anything. I can refer to the 1991 coup that over-turned President Aristide and the second coup in 2004.

Another example is the invasion of the United States in Iraq in 2002 subsequent to the supervision of the United Nations in that country. Under the flag of peace, the blood of our brothers and sisters, civilians as well as militaries had dropped like a river of water in many countries such as, Haiti, Panama, Somali and Iraq. In Haiti, they have raped our young women, outraged our animals, crippled our police officers and bludgeoned the population who had no right to call for assistance. It is time! We are in desperate need of a change before our world passes away. Democratic and humanitarian organizations must revise their formulas and their action in the world. The United Nations must recapture the road of the mission for what it has been created. This old formula to hold peace by war, engender new war through the Nations.

After trying on all artillery issued by human's intelligence, it would be well wise to assay those of the highest intelligence. He is the only power that can stop the wind, dry the ocean, and command the sun to stop shining during the day and the moon to refrain from illuminating at night. I simply want to talk about the power of the creator of the humanity (the living God in heaven).

The system of carelessness in Haiti caused the international community to adopt a disrespectful attitude towards Haitians. They did not pay too much attention to us. Because of our immaturity, every Nation knows that the Haitian people are worthless. That bad glance of the other Nations is caused by the irresponsibility of the Haitian leaders toward their people. It was a little pick of the country from 1804 to present time. Excuse my short glance at its history; it is done by a sentiment of love for Haiti.

Hand in hand is the standard number one that all Haitians need to exercise in order to travel through the world of technology that leads to development. However, for this to be possible security and peace are indispensable. If Haitians can unify themselves in strike for some personal political reason, why cannot we do the same to develop Haiti? Political leaders, open your eyes to perceive how brutal you damaged Haiti today. Haitian people, think twice before you act when nervous. President, senators, read the contracts before signing them. Ministers, stop looting your own stuff, work for the progress of your country. Senators and Representatives, create laws on the country's behalf for the respect of all Haitians throughout the world. USA, CANADA, FRANCE, bring your help to the Haitian people by creating the development of high technology that can bring the land from the old system to the new.

A nation without dreams does not deserve to be a country on its own. A country without a leader is like an abandoned vehicle on the freeway without a battery. Haitian leaders must forget about their personal ambitions if they want to move the country forward. Racism spirit is the biggest sickness that paralyses the Haitian's progress. This issue must be thrown away or eliminated completely to drive the country to the real development.

The use of several languages does not benefit the advancement of any nations. Haiti needs a single language to get into the road of progress.

What language it will be? French, Spanish Creole, English? All people need to have a communicative language; for Haiti Creole must be the one. Let Creole become our official communicative language, French will be the foreign one to trade it. In light of this, we will have a creative country where every Haitian will enjoy living.

A real dream and a good philosophy

No one is able to think without acquiescing with the creator of the universe. Primarily, it was the purpose of God for men to get inspired. In this very day, without God acceptance it is impossible for men to inspire good ideas. Meanwhile, God uses whoever to accomplish His purpose; and issues that are impossible for men are possible to God. God made men for His purpose according to His decision. In the past, God used powerful men to His service; example "Saul" who became "Paul" was the prosecutor of God's people, he was a well educated man as well. And God went down He took "Peter" a fisherman who was non-educated and both of them become apostle of Jesus-Christ. Philosophically, what was the difference between "Paul" and "Peter" a well educated man and a fisherman? Did Peter keep silent because he did not go to school? No, he was a brilliant preacher of God's word almost at the same level as Apostle Paul. My question for you today is this: can you stay with your month shut when things go upside down because of little education? Take the time to think about that question. In the world of thinkers, we notice that God does not always inspire everyone at the same level. This is to let them have a taste of his superpower. I include that philosophical statement in order to provide a clear explanation of what the book "Déjà-vu The Collapsed of Haiti" is about and why it is written. "Déjà-vu The Collapsed of Haiti" is an inspirational historical document with some deep research about Haiti's dilemma and the tragedy of the world. It is also the dreams of the author to see that the world gets improved, and Haiti to go from poverty to prosperity.

"Déjà-vu The Collapsed of Haiti" is written mainly to inspire everyone with some good ideas on Haiti's behalf wherever they may be. For those who have visited Haiti, the picture you saw was not enjoyable. Nevertheless, it is a very promising Island that requires your attention. The trashes are not starch on the street, but patriotism is missing. Those of you who have not been there yet, I suggest that go there and take a look. This book "Déjà-vu The Col-

lapsed of Haiti" explained the types of procedures that must be followed for the advancement of Haiti.

Déjà-vu The Collapsed of Haiti A warning TO WORLD LEADERS revealed the genocide of Christopher Columbus on the residents of that Island when they cast anchor onto the Island. It is a very good historical book that is able to inspire Haitians or anyone who wants to invest in Haiti. There is nothing to hide because; they recognized Haiti as the dirtiest and the poorest country in the world. "Déjà-vu The Collapsed of Haiti" suggested the way to develop Haiti, and impede people from writing against this country for their own profit.

I had a dream; in my dream I saw, all Haitians gathered together Haitians were in masses from the four corners of the world. From East to West and North to South, they had only one purpose "how to develop Haiti". Haitians joined hands; with a gesture of love they were shaking

hands, hugging and singing together this song:

Haiti, Haiti, Haiti land of my blood, land of my soul and land of my wretch, we are standing at this very day to take you over. Never, never and never will we mistreat you anymore. Haiti, you are the land that we hated before but now we love you for ever. "Se vrèman bèl"

Then, I saw that Haiti became the granary of the world and all nations came to visit this beautiful Island and did business with Haitians. I saw all social classes: elite and middle class, poor and rich sat together on roundtables to decide on Haiti's destiny. I saw constructive projects for Haiti's future and the poor enjoyed a better life. Joy and security were laying down in all areas of Haiti. In my dream I saw Haitians throwing away their self-centered ideas and racist spirit to embrace love. Their love was so deep it brought tears to the eyes of all Haitians. I saw they kept on shaking hands for long and none of them could stop because joy was everywhere in Haiti and in every part of the world where Haitians are living.

I saw a mysterious thing happened in my dream, in the middle of joy and peace among Haitians, four men appeared. Two were whites and two blacks. Everybody was in stupefaction; both sides started to cry that means whites and blacks. The two white men were on the left, and the two black men on the right. One of the white men lifted his right hand up and said: I am General Rochambeau, I am so sorry for being so rude with you people of this Island.

I brutalized you unfairly for no specific reason. I did not recognize you as humankind; I treated you like pigs. For all of that, I am sorry, I asked the French government to pay the money that we owed you and we will help you find new technology to develop Haiti. At that time people still did not understand. The second white man lifted his right hand up and said "I am Roosevelt Wilson president of the United States. I am so sorry for having not done anything during sixteen years of occupation of this Island. I killed Charlemagne Peralt because he opposed the intervention in Haiti; nevertheless, I had no reason to kill him because he was under rest. I did not help Haitians find any technology to develop the Island. Now, I am going to ask the president of the United States to help Haiti find the way to new technologies. While the two white men were talking, the two black men remained firmly stand to listen to their speech and they were shaking their heads and crying. One of the black men lifted his right hand up and said "I am Capois La more, General of the Haitian army. I heard both of you guys, I appreciate what you are doing, and I forgive both of you because you did not know what you were doing at that time. By the way, "do what you promise to the Haitian people, they really need your support". The second black man lifted his right hand up and said "I am Emperor Jean J. Dessalines I heard both of you with a sad attention. I, also, feel so sorry for killing more than 10,000 French citizens. But now, I see how blocked up I was for doing such miser-able things. My anger and my resentment did not permit me to have a good judgment. However, since we perceived that we made some terrible mistakes, let's join our hands to make peace between us; said Emperor Jean J. Dessalines"

At this moment, all Haitians clapped their hands, the two white men and two black men were hugging. And all signs of prejudice disappeared; because in the crowd there were no rich, no poor, no blacks, no whites; everybody was joyful and blended together.

At the end of my dream, I saw the introduction of new technology with wisdom. Those who were desperate regained hope. I saw the French government signing big contracts with the Haitian government. And I saw the American government opening its door of technology to Haiti; and all of a sudden they started to build universities in the country. I saw that the problem of electricity was totally solved in all areas of Haiti. It looked like a real industrial revolution in the island; and joy was on everyone's face. This is my dream for Haiti, my motherland.

Louis Mercier, November 18, 1936

"Labataille of Vertières continues for us. We are always gripped by the forces of evil and destruction. All fatal and stupid prejudices are not yet dead in our hearts and we always wear a colonial soul. We do not understand what role we played sublime in the world. Our farmers staying in huts similar to those settlers were building their former slaves. They dress like they did in colonial times sad. We have not erased all traces of slavery. The vast majority still live in ignorance, poverty, abjection, and this finding do not raise our indignation.

The rules of hygiene are very rarely applied here. Our cities have not yet aspect of modern cities and country sides are trop délaissées. We are not yet great builders and nous marchons on too many ruins. We are, frankly, to the rear planis civilization. We do not want to take today un large bath of idealism, have mercy on the humble, low, desopprimés, leaving the narrow and suffocating we nous emprisonnons voluntarily become real citizens of

Haiti, sincere ayant l'amour and depth of our brothers, rob us of bigotry, hatred, adopt and apply the beautiful laws of justice soci-aleet of human solidarity, we totally get rid of all les virus that poison our hearts and minds of caste prejudices, biases of localities , horrible remnants of a past curse don't nous must strip ourselves completely. For freedom is for the brotherhood that our fathers made des efforts immense. He did not let their sacrifices soient inutiles. Do not all these foreigners that our history is fascinating and we admire is disappointed with the sad spectacle that we offer.

Il n'est of good life in the shade of an exhilarating dream and Le cadre bloomed a beautiful country where all the noble activités trouvent a favorable field, where all the conquests humaines s'épanouissent beautifully, where intelligence, la raison will apply and maintain Justice, Benevolence, Brotherhood, parent guardian of any progress. Let us open our hearts to love. We develop in all social work required to make a better life for sufferers. Consider ferme propos work until sacrifice at the national hi. It's only way for us to grow. Let the Sacred Way where nos aïeux moved with such ease. Let us be like them, pioneers, fighters, soldiers Vertières. In champ social our hands have cleared and planted more widely et plus deeply, it is necessary that the spikes are a more beautiful et plus abundant. The struggle continues and we must be masters du terrain. Again, repeat continually that liberating truth:

"THE BATTLE CONTINUES VERTIERE.

J'endorse This speech for its quality and form a true patriot never dies"

VERSION FRANCAISe

Déjà-vu l'effondrement d'Haïti est déssiné par Sundy Alexandre, Sundy est un infographiste. Chaque image est parallèle à l'histoire qu'elle a ancrée. Elle vise à fournir une compréhension visuelle de l'ouvrage. En conséquence, c'est pour satisfaire le souhait de l'auteur, et de clarifier la vision des lecteurs. C'est un plaisir de vous servir et vous informer via ce document.

Sundy est accepté de travailler dans le livre en Décembre 2009 en raison du contenu intéressant du livre. Il pensait que la contenance de ce livre pourrait toucher les dirigeants du monde aussi bien que vous, qui se donne à la lecture de ce livre en ce moment problématique. En plus de tout cela, il pense que ce livre aura un grand impact dans la communauté haïtienne extérieure ainsi qu'en Haïti.

Déjà-vu L'Effondrement D'Haïti Un message aux leaders du monde

Un Document écrit par

Amonnon Louis

REMERCIEMENTS

Sept années se sont passées j'ai été oblige de laisser mon pays "Haïti pour me refuger en terre étrangère. Arrivant aux Etats-Unis, je cherchais à obtenir un statut légal, ma demande a été rejetée par les autorités de l'immigration Américaine. Malgré tous ces malaises, je rêve un nouveau monde, on ne peut pas construire ce nouveau monde sans le regard divin qui est l'auteur de toute inspiration. En effet, inspirant de la beauté mélancolique de mon pays et, regardant ce qui se passe à travers le monde et le temps,

je me suis interrogé sur la nécessité d'une intervention urgente guidée par une prise de conscience collective, en vue d'éviter une éventuelle guerre dont les conséquences seraient catastrophiques et regrettables à la surface de notre planète. C'est dans ces circonstances que j'ai essayé de partager et d'envoyer ce message à tous les habitants de la terre, particulièrement à tous ceux qui détiennent l'autorité et à ceux qui aspirent à l'être en termes de « Déjà-vu L'Effondrement d'Haïti ».

Sans vouloir m'abuser de votre patience, je ne pourrais terminer sans adresser mes sincères remerciements à vous premièrement qui vous adonnez à la lecture,

au Rev. Pierre Meroné, pour son support financier, au frère Wilkert eugène, mon business partenaire Jose S. senecharles et Ancelot Similien pour leur support spirituel et intellectuel, ma femme Josette Louis, mes enfants Abigaïl, Kensflore et Ernestine Louis pour leurs supports. Ces remerciements vont également à tous mes amis qui de près ou de loin m'ont assisté d'une façon ou d'une autre particulièrement, l'ingénieur Pericles Perius et mon collegue Junior Dastine pour d'énormes sacrifices consentis. Que le Dieu tout puissant qui a créé l'univers Daigne vous bénir tous et, vous combler de ses plus grandes bénédictions. Merci !

Rien n'est plus difficile que de quiter son pays pour vivre ailleurs
Bonne chose en soi, c'est que en concentrant sur soi-même, Dieu vous conduira sans nul doute vers un objectif meilleur.

Introduction

Déjà-vu L'Effondrement d'Haïti, un message aux leaders du monde

C'est un document historique inspiré, qui fournit des informations relatives à l'ancien caractère d'Haïti et à sa future hypothétique. Aussi, il a fourni census aux lecteurs une idée sur la façon dont le monde est mené et suggère une vision unifiée des dirigeants du monde pour éviter une troisième guerre qui pourrait être catastrophique, sanglante voire ultime pour notre planète.

Tout au fond de ce livre, les noms des leaders sont mentionnés. Parmi eux, il y en a qui reçoivent des compliments pour leur bonne gestion et d'autres a été critiqués, pour leurs mauvaises gestions du développement d'Haïti.

Dans ce livre, on peut s'informer également de sujets de grandes importances qui peuvent réveiller ou faire naître de nouveaux sentiments patriotiques qui pourraient être sensible à réagir positivement en faveur de leur pays. Ce document présente tout un lot de problèmes qui entravent le développement de la République d'Haïti. L'un des objectifs de ce livre consiste à :

1)-Analyser les vraies causes liées aux problèmes du sous-développement de ce pays afin de proposer des éléments de solution efficace.

De ce fait, il est invité à tous les Haïtiens de se joindre pour freiner la division et la mésentente afin de réétudier un développement réel et durable pour notre espace géographique « Haïti ».

Ce livre est un produit issu de certaines réflexions et de la collection des informations authentiques recueillies sur la genèse des conflits nés au lendemain de la proclamation de l'indépendance d'Haïti. Ce n'est pas une oeuvre imaginaire, mais plutôt celle d'une pure réalité qui mérite une attention soutenue.

Localisation d'Haïti et sa superficie

La République d'Haïti est située au centre des grandes Antilles entre Cuba au Nord-ouest, la Jamaïque au Sud-ouest et Porto Rico à l'Est.

La République d'Haïti a une superficie de 27,750 Km carrées, 27,560 Km carrées en terre et 190 Km carrées en eau. Elle est localisée dans le caraïbe, et elle est une troisième île d'espagnole entre la mer caraïbéenne et l'océan Atlantique Nord. Elle est limitée à l'Ouest de la république Dominicaine.

Haïti contient 10 départements avec une population plus de 9 millions d'habitants. Haïti a une distance de 700 mailles de Miami une ville de la Floride un Etat des Etats-Unis d'Amérique. Haïti est aussi la première République noire indépendante du monde. Elle a participé également à la libération de plusieurs pays de la région, particulièrement les Etats-Unis d'Amériques. En un mot, on peut dire sincèrement, Haïti ne mérite pas ce traitement humiliant de ces mêmes nations pour lesquelles les Héros Haïtiens se sont sacrifiés. Description imaginaire de l'île Indiscutablement, beaucoup d'hommes ont combattu

brutalement l'esclavage pour parvenir à la liberté en 1804. Malgré tout, plusieurs pays industrialisés continuent à exploiter Haïti jusqu'à ce jour; geler pratiquement Haïti dans une capsule isolée de l'extrême pauvreté et de l'oppression. «Haïti Thomas » le nom de l'île quand les Tainos accueillis Christophe Colomb en ce jour fatidique. Haïti Thomas ou Hispaniola est absolument magnifique: une vision de paradis, une île montagneuse tropicale, environnée par les doux alizés de la Caraïbe, un climat de paradis que les citoyens du monde auraient envié. Il s'agit d'Haïti, une veine du ciel.

O Bon Dieu » comme les rayons de pourpres rampent autour d'un palais royal, comme un serpent gras roule pour esquiver la capture vers la plage, comme la danse des papillons sur les fleurs sanglantes d'un Flamboyant, je rêve une Haïti verte, bleue et rose s'épanouie au plus haut degré pour la fierté de son peuple. Les sommets sphériques d'or d'Haïti enflamment les cieux dans une teinte de feu. La vierge brise qui caresse votre peau envoie frisson aux orteils enfouis dans le sable blanchi de l'Anse à Galets «La Go-nave». Les odeurs parfumées des fleurs restent longtemps dans vos narines comme des filets déchirés et près de cales sont vides ramé à terre. La rhapsodie douce du langage créole remplit l'air comme la course des enfants pour inspecter la capture de leurs précieux jeux. IL s'agit d'Haïti, ma terre natale.

Brève histoire de l'île (Ayiti)

Au sixième jour de Décembre 1492 Christophe Colomb a découvert une île qu'il baptisa au nom d'Hispagnola, parce que l'île avait l'air d'une petite Espagne. Il a réclamé cette île et tous ses habitants pour la Couronne espagnole. La Santa Maria, le navire amiral de la flotte, a coulé le jour de Noël 1492 et Colomb a été forcé de construire une forteresse des restes de la coque en contrebas qu'il a appelé la Nativité. Cette forteresse a été la première colonie dans le Nouveau Monde et est proche de Mole Saint-Nicolas présentement nommé. A partir du moment où Christophe Colomb et son équipage ont mis les pieds sur l'île, appelée Ayiti, les Tainos indigènes ont commencé à mourir de façon massive. Premièrement à cause des brutalités commises au nom de la Couronne d'Espagne, puis des maladies apportées par les colons espagnols. Les Espagnols ont été impitoyables dans l'extraction de l'or. Les objectifs des espagnols ont été de trouver de l'or sur leur premier voyage et ils s'attendaient à trouver beaucoup plus, mais étaient incapables de procurer de l'or d'une île qui ne possède pas la quantité d'or recherchée.

Hispagniola était une île paisible, avant l'arrivée des Espagnols, les indigènes étaient sympathiques et considérés comme l'incarnation de développement culturel des Grandes Antilles. Les premières descriptions numériques et sociales de la vie des Tainos qui vivaient dans l'Ile étaient habitées dans une centaine de villages et ils étaient plus de cinq cents à mille personnes. Les Tainos avaient développé un système d'agriculture qui était pratiquement sans entretien, ils ont été entièrement autosuffisants. Dans les annales espagnoles, Hispaniola a été décrite comme la plus avancée des Grandes Antilles. Les Tainos qui furent à Espagnola étaient connus pour leur bonne communication et un système agricole productif. Espagnola était le centre de la culture des Tainos, qui semble avoir voyagé de là à Cuba et les îles périphériques. Jardins, terrains de jeux, et areitos énormes avec des forums et des poètes de langue caractérise cette île luxuriante. Le montant estimatif de 5 à 8 millions indigènes ont été organisées en petits royaumes appelés caciques. Ces cinq royaumes sont sophistiqués et culturellement diverse avec leur monarque. Les royaumes ont été rapidement réprimés par les colons espagnols qui ont utilisé la grande population indienne comme esclaves dans leurs plantations et les mines.

Ces repartimientos et ces systèmes d'encomiendas permirent aux colons de repartir les Indiens en groupe, à des fins laborieuses. Ce système a été créé par Christophe Colomb en 1499 après avoir omis de percevoir son tribut exigé de l'or des Tainos. Ce système avait pour but de fournir du travail et christianiser la population. Ce qui n'a pas marché parce que la brutalité des Espagnols a coûté la vie à la majorité de la population indienne. Quand la reine Isabelle appris de ce système, elle posa sa fameuse question: «Par quelle autorité l'amiral a donné mes vassaux de suite? Les Tainos ont rapidement disparu, laissant un vide que les noirs venus de l'Afrique ont comblé.

Le premier recensement de l'Ile date de 1506, il dénombrait environ 60.067 indigènes Tainos; lorsqu'on sait qu'avant l'arrivée de Christophe Colomb, l'Ile comptait entre 5 à 8 millions d'habitants, on peut se faire une idée du traitement qu'avait subi ces hommes et femmes à cause de l'avidité des Espagnols. Les Tainos ont été exterminés dans leur quasi-totalité en moins de vingt années. Ce génocide des indigènes Tainos a été le seul génocide connu qui n'a jamais eu lieu dans l'histoire enregistrée. Le vide que laissèrent les

Tainos a été comblé par l'importation des esclaves africains pour la plupart d'Afrique occidentale. L'effusion de sang qui a commencé avec l'arrivée des Espagnols devint plus forte quand les Français ont pris la partie occidentale d'Hispaniola après le traité de Ryswick en 1697, en nommant leur tiers de l'île Saint-Domingue. Les Français eurent transformé Saint-Domingue en Perle des Caraïbes, la plus riche colonie du Nouveau Monde. Ils ont grandi indigo, puis la canne à sucre, toutes ont été travaillées par les esclaves importés. Ces esclaves étaient traités avec une telle brutalité que leur durée de vie n'est que quelques années, jamais assez longtemps pour assimiler la culture occidentale.

Ce fut une courte histoire abrogée selon le passé. Parlons de la langue créole

Le langage créole Haïtien qui est souvent appelé simplement créole ou kreyòl, est une langue parlée en Haïti par plus que huit millions de personnes, ce qui représente plus de 80% de la totalité populaire de quelque dix millions de personnes estimées, et par l'émigration de plus d'un million de locuteurs dans les pays tel que Bahamas, Cuba, Canada, îles Caïmans, la Guyane française, Martinique, Guade-loupe, Belize, Porto Rico et les États-Unis.

Cette langue est connue pour être la langue la plus parlée dans le monde du créole.

La langue créole est l'une des deux langues officielles d'Haïti, aux côtés du français, il est un créole en grande partie tiré du français de18ème siècle avec l'influence diverses d'autres langue, y compris l'arabe et africaine, ainsi que, Taino espagnol et anglais. En partie, à cause de l'effort de Félix Morisseau, depuis 1961, le créole a été reconnu comme langue officielle avec le français, qui a été la seule langue littéraire du pays depuis son indépendance en 1804. Le statut officiel a été maintenu en vertu de la constitution de1987. L'utilisation du créole dans la littérature a été faible, mais Morisseau augmente sa valeur comme auteur écrit pour la première fois dans la langue créole. Il a été l'un des auteurs influents d'écrire en créole depuis les années 1980 et qui a influencé de nombreux éducateurs Haïtiens. Les écrivains et militants ont changés leur avis littéraire en écrivant en créole, les journaux d'aujourd'hui ainsi que la radio et de programmes de télévision sont produites en créole.

Ressources d'Haïti

L'agriculture représente 32% des produits intérieurs brut d'Haïti. Sa productivité a été profondément affectée par les effets négatifs des tempêtes tropicales suite au manque de structures qui devait être mise en place. Les produits agricoles primaires d'Haïti sont le café, mangues, canne à sucre, maïs, sorgho, riz et bois.

Industries

Les différentes industries Haïti est notamment impliqué dans la meunerie du raffinage du sucre, le textile, le ciment, le tourisme, et l'assemblage léger.

Importations

les importations principales d'Haïti sont la nourriture, des machines et du matériel de transport et des carburants. Exportation

Table de Matiere

Chapitre 1

Haïti après son indépendance

« En me renversant, on a battu à Saint-Domingue le tronc de l'arbre de la liberté des noirs, mais il repoussera par ses racines parce qu'elles sont profondes et nombreuses. Toussaint Louverture ».

Au lendemain de 1804 après la proclamation de l'indépendance, Haïti se trouvait en panne de prolifération ; cette panne n'était autre que la vision d'aventure. Ce problème a tenu Haïti en arrière en l'empêchant de prendre le rail du développement. Haïti est un pays qui est détenteur d'un climat que presque aucun autre pays ne possède et un phénomène qui devrait drainer le chemin à l'industrie touristique. Haïti a dix départements, où chacun d'eux renfermait une température particulière qui faisait d'elle, un jardin de fleurs, embaumé d'une odeur de parfum naturel à chaque saison.

Quand on se sentait fatigué, on pouvait s'approcher d'un manguier, et s'allonger sous l'ombre de ses feuilles, où une fraîcheur naturelle, mêlée au parfum de toutes les fleurs des champs envoisinant décorés de toute une colonne de papillons multicolores, qui donnaient à cet endroit une allure paradisiaque. Ce fut une magnifique époque, qui donnait aux Haïtiens l'impression qu'ils vivaient dans un paradis. Personne ne saurait oser leur demander de quitter leur mode de vie, pour se rendre ailleurs, parce qu'ils étaient très confortables et ils s'y trouvaient tout ce qui fut convenable à la satisfaction de leurs besoins.

Naturellement, nos montagnes ont été très fantastiques. Quand on y marchait, promenant les regards, on se sentait vraiment confortable, à l'aide de fraîches herbes arrosées de l'eau autochtone, et des arbres qui cantonnaient avec des feuilles vertes, rependant de frais airs qui fait éprouver du sommeil. Là où la soif se faisait sentir, on n'avait pas besoin de faire trop d'efforts pour se désaltérer. On pouvait simplement se longer la main et prendre une noire de cocotier ou n'importe quel autre fruit désiré. Chaque département fournissait des produits et des denrées différents, voilà en effet, ce qui rendait aux habitants de se satisfaire avec leur mode de vie provinciale.

Pour reverdir Haïti comme au passé, un gouvernement visionnaire doit être élu et concentré sur la reforestation totale du pays.

L'âge du sous Développement

«Nous vivons dans un monde où la politique a remplacé la philosophie. **Matin L. Gross** »

Dans le passé, les touristes locaux voyageaient à travers toutes les provinces d'**Haïti** pour admirer la beauté de l'Ile. Cette industrie permettait aux paysans de collecter des fonds pour acheter des animaux tels que, bœufs, cabris, porcs, volailles et les animaux domestiques afin de maintenir leurs paysages frais et riches. Le monde même éprouvait un grand désir de faire la connaissance de ce beau pays qui s'appelait «**Haïti Thomas**, la **perle** des **Antilles**». Son panorama fut réellement formidable mais aujourd'hui, on voudrait la transformer en une terre invivable pour les êtres humains; même ses fils et ses filles veulent s'y tourner le dos et ne désirent pas s'y retourner pour réparer cette portion de terre en agonie. «**Haïti** chérie, même si tu es déchirée et décollée pièce par pièce par la division due aux chantages des politiciens, certains de tes fils t'aiment encore et pour toujours, Hélas».

Aujourd'hui, la pluie qui est la base de la nourriture des plantes, les permet de produire plus de substances, pouvant répondre aux besoins des habitants, est un phénomène qui n'existe presque pas en **Haïti**. C'est l'une des raisons qui empêche aux paysans de ne pas pouvoir cultiver la terre afin de produire les denrées nécessaires à leurs subsistances. Ils sont obligés de se livrer à la coupure des arbres de tous genres, pour la production du charbon en y vendant pour subvenir à leur besoin.

C'est donc la seule source de revenue qu'ils possèdent, juste pour lutter contre la misère et la sous alimentation. Ils n'ont pas d'autres recours, car personne n'est pas disposé à leur offrir de nouveau moyen de pitance, pour gagner une vie meilleure. Voir de développer une nouvelle technologie dans le pays, à fin de favoriser le développement industriel et agricole. Ils sont obligés de rompre les arbres de toutes sortes pour les transformer en charbon, puis en vendre au marché en échange de l'argent pour se nourrir. En d'autre terme, supporter l'éducation de leurs enfants, ce moyen demeure le plus facile.

Tous les départements d'**Haïti** sont riches en terre fertile; il nous manque seulement la faculté de développer des technologies capables de tirer en avant cette machine « **Haïti** » qui ne cesse de reculer depuis le jour même de son indépendance.

L'age de la politique

« Un libéral est un homme ou une femme ou un enfant qui cherche un nouveau jour, une nuit tranquille et claire, une future infinie. **Leonard Bernstein** »

Dans la misère qu'il vit, Le peuple Haïtien ressemble aux Israélites, quand **Adolphe Hitler** agissait méchamment contre eux, sans respect pour leur vie et les tuait sans exception. Aucune autre nation ne voulait pas leur venir en aide, parce qu'il n'avait pas de leader terrestre et aucun ami à cette époque.

Né en Australie le 20 Avril 1889, Après la mort de son père **Aloïs** en 1903 et sa mère **Klara** en 1907, **Adolphe Hitler** se rendit à Vienne en 1908 pour étudier l'art et architecture, mais il ne fut pas réussi à l'académie de l'art; il y menait une vie très pénible. Après la première guerre mondiale, **Hitler** se fit membre de **Freikorps** une organisation de la classe moyenne en Germanie, et en 1919 il se joignit au parti des travailleurs de la Germanie qui devint plus tard le parti Nazi.

En 1925, **Hitler** saisit le leadership du parti des travailleurs de la Germanie et le réorganisait selon ses propres idées. En 1929 **Hitler** menait une campagne contre le plan de paiement pour la réparation des jeunes. Une action qui allait montrer clairement, ce qu'il voulut devenir. Le 2 Août 1934, le commandant en chef des forces armées de la Germanie **Mr Hindenburg**, fut mourut et **Hitler** devint le commandant suprême des forces armées de la Germanie.

Cependant, dans l'acte des pratiques malicieuses du 21 Mars « 1933 », il commença avec l'arrestation massive des communistes et des socialistes. Le 22 Mars, il faisait construire le camp de la concentration que l'on appela «**Dauchau**». Le 23 Mars, **Hitler** manifesta son caractère de dictateur et élimina tous les autres partis, tel que le pro catholique **Zentrum** et autre. C'était un bref rappel du passé historique de ce leader Selon « L'encyclopédie britannique ».

En **Haïti**, Bien que nous ayons des leaders, mais ils sont des gens malhonnêtes et apatrides. Des gens qui se promènent à travers le monde, complotant sur le dos de ces petits nègres Haïtiens, pour s'enrichir et hypothéquer l'avenir de ce pays. Ils s'amusent à applaudir de célèbres citoyens du monde quand ils prononçaient de grands discours contre leurs frères, en accouplant beaucoup plus de misères à la souffrance de ces malheureux nègres vaillants. Avant 1804 sous les armes de l'armée Française, nos Ancêtres s'assemblèrent et s'unissèrent pour dire non à l'esclavage. Ils luttèrent contre cette puissante Armée et la força à se rebrousser le chemin. Malheureusement, tous ces efforts restent et demeurent sans effet.

La pratique de certains politiciens

« Les politiciens sont comme les enfants. Ils ont besoin d'être changées régulièrement et toujours pour les mêmes raisons ».

En effet, Comment les Haïtiens ne sont ils pas jaloux de la décroissance économique de leur pays ? En se rappelant ce qui se passait jadis, nous devrions être toujours fiers de nous mêmes, eûmes égards aux exploits de nos Héros de l'indépendance.

Les colons Européens ont éliminé tous les gens naïfs qu'ils trouvaient dans l'île qu'ils appelaient hispagnola, nombre qui s'éleva à environ 5 à 8 million de personnes.

En 1804, les Haïtiens ont brisé les chaînes et les règles coloniales, pour créer la première République noire indépendante du monde.

Cent onze (111) ans plus tard **Haïti** a connu une fatale occupation par les États-Unis d'Amérique dans les années 1915. Après la deuxième guerre mondiale, les Etats-Unis d'Amérique ont supporté les pouvoirs dictatoriaux en **Haïti. Aristide** pour sa part, voulait bien contrôler la situation malgré toutes les circonstances, mais l'hostilité des puissances à sa gouvernance facilitait le renversement de son pourvoir; un acte qui a laissé des souvenirs malheureux dans les annales du peuple Haïtien. Qu'on se rappelle des élections de 2000 et ses conséquences, lesquelles ont abouties au départ pour l'exile du président **Jn. Bertrand Aristide** le 29 février 2004.

Malheureusement, Exploitant la controverse de ces élections, les grandes puissances se montrèrent très réticentes à l'octroie des aides les plus importantes à **Haïti**. Toute la politique **d'Aristide** était sujette à des critiques de toutes sortes. De ce fait, Un pouvoir sans limite était accordé à des bandits proches du régime lavalassien; point de respect pour les droits humains et l'impunité fut le pilier du pouvoir **Aristidien**.

Les opposants ont profité de la détérioration de la situation pour sanctionner le pouvoir Lavalas. Aidé des rebelles, ayant à leur tête **Ravix Remissainthe**, **Louis Jodelle Chamblin** et l'ex commissaire **Guy Philippe**, Ils finissent par se débarrasser du président **Jean Bertrand Aristide**. Si l'on veut faire foi à ce que rapportent les medias, Haïti est sur le point de perdre toutes ses valeurs. Le peuple doit en effet réfléchir à ses regrettables événements. « **DÉJÀ-VU L'effondrement D'Haïti** »

Paradoxalement, les faux responsables ont toujours fait semblant de se joindre au peuple pour y semer la division de toutes sortes, faits qui portaient le découragement et la déconcentration au milieu de la population et qui ont conduit le pays là où il est aujourd'hui. Ces dirigeants ont bloqué tout esprit de l'unité qui existait au milieu de la population et opéraient des manœuvres, tout en faisant connaître au peuple, que les membres des différents partis politiques ne devaient pas s'unir les uns les autres. Cette division sans pareille mettait le peuple dos à dos et personne ne prétendrait à savoir quel serait le futur de ce pays.

« DÉJÀ-VU L'effondrement D'Haïti »

Haïtiens, quand nos yeux s'ouvriront-ils pour voir où nous sommes? Ils doivent en effet s'ouvrir pour voir et savoir qui sont reèllement nos adversaires. Quand nos yeux seront bien ouverts, nous connaîtrons comment crier à grand gosier, pour dire non à la manipulation de ces apatrides qui pour peu de sous, nous font utiliser des armes contre nos frères et sœurs, afin de qualifier notre pays **Haïti** de la terre des **jungles**. Le peuple Haïtien doit partir à la recherche d'une nouvelle méthode de vie. Dans le but de porter un nouvel espoir sur cette terre en souffrances, parce que l'espoir fait vivre quand il existe de l'unité. « La force est là quand on réfère à l'année 1804 ».

Chapitre 2

La genèse du déclin d'Haïti

Prenez les politiciens : Ils sont un bouquet de yo-yo. La présidence est maintenant une croix entre une popularité et une discussion scolaire, avec une encyclopédie d'expressions de grands prix.» Saul Bellow

Contrairement à tout ce qu'on peut penser, malgré toute la misère qui existait en Haïti, le peuple Haïtien espérait encore une vie meilleure. De 1804 à 1956, le peuple était en conséquence dans l'attente. En 1957 un vent de changement commençait à souffler, quand le peuple Haïtien entendait parler d'élection qui devait faire naître un nouveau système dans l'éphéméride politique Haïtienne. Au cours de cette même année, les autorités Haïtiennes ont organisé une élection. A cette époque le candidat docteur François Duvalier Remporta la victoire. Quelques jours plus tard,

il se faisait nommer lui-même président à vie de la république d'Haïti. Ce fameux dictateur, du nom du Dr. François Duvalier, était un médecin qui voyageait à travers tout le pays où il soignait les gens affectés de l'épidémie de maladie communément appelée « chic » qui ravageait le peuple Haïtien.

Cette œuvre lui a permis d'explorer et connaître

tout le pays pour y établir son pouvoir fasciste. Il était un leader qui semblerait vouloir prendre soin de son peuple; mais la passion du pouvoir lui a fait perdre sa renommée de bienfaiteur pour générer des crimes, en vue d'établir et de maintenir son régime. Dr. François Duvalier a mystifié ce peuple et l'a fait voir les sept couleurs de l'arc-en-ciel. Il tuait, maltraitait beaucoup de ceux qui oseraient s'opposer à sa doctrine politique.

Tous les Haïtiens pensaient qu'avec un gouvernement civil, Haïti aurait eu une chance d'avoir une nouvelle transmission. Malheureusement, il s'était trompé, on a fait qu'endommager de plus en plus l'ancienne qui laissa déjà couler de l'huile de tous les cotés. Qui va prendre con-science de la misère de ce peuple et réparer la transmission de cette machine pour la rénover et la remettre en service ? Nous pensons sincèrement que cette question nécessite une réponse adéquate pour le maintien du bien-être de notre chère Haïti.

On peut dire avec certitude, bien que Dr F. Duvalier eût été un homme dur, il était l'un de ceux qui voulaient toujours garder la dignité, la fierté de son peuple et maintenir très haut la valeur du bicolore Haïtien aux

yeux du monde international. Dr François Duvalier, n'était pas un leader doublé de nationalité; il était maître de lui-même. Sous son règne, il faisait respecter le peuple Haïtien. Partout dans le monde, on avait besoin de ses bras Comme étant de très bons et courageux travailleurs.

La bonté du peuple Haïtien

Le peuple Haïtien a de bonnes qualités. C'est une nation très patiente et généreuse, un peuple charmant et fidèle. Ayant eut ce peuple à ton coté, on devient très fort pour se lancer dans la course politique. C'est un peuple vaillant, infatigable et très passionné de celui qu'il aime. Il a seulement besoin de la confiance de ses leaders. Il est difficile de tourner le dos contre quiconque qu'il partage son amitié et son amour. C'est un peuple attaché, pour ne pas dire très fanatique.

Pour avoir été trop guidé par le fanatisme, aujourd'hui, ce peuple est réputé comme l'un des plus pauvres de la planète. Il n'a jamais pu faire un choix rationnel d'un bon dirigeant, capable de lui conduire au port désiré. Y a-t-il une dernière chance pour ce peuple ?

On peut dire oui Haïti revivra ! Une fois que les Haïtiens prennent conscience de leurs erreurs et reconnaissent qu'Haïti est leur héritage, issu du sang de leurs ancêtres.

Ces derniers ont dû affronter les boulettes des cannons et des fusils pour libérer cette portion de terre très chère et prospère; nous devons donc la protéger, la développer et l'embellir.

La bonté du peuple Haïtien

Le peuple Haïtien a de bonnes qualités. C'est une nation très patiente et généreuse, un peuple charmant et fidèle. Ayant eut ce peuple à ton coté, on devient très fort pour se lancer dans la course politique. C'est un peuple vaillant, infatigable et très passionné de celui qu'il aime. Il a seulement besoin de la confiance de ses leaders. Il est difficile de tourner le dos contre quiconque qu'il partage son amitié et son amour. C'est un peuple attaché, pour ne pas dire très fanatique.

Pour avoir été trop guidé par le fanatisme, aujourd'hui, ce peuple est réputé comme l'un des plus pauvres de la planète. Il n'a jamais pu faire un choix rationnel d'un bon dirigeant, capable de lui conduire au port désiré. Y a-t-il une dernière chance pour ce peuple ?

On peut dire oui Haïti revivra ! Une fois que les Haïtiens prennent conscience de leurs erreurs et reconnaissent qu'Haïti est leur héritage, issu du sang de leurs ancêtres. Ces derniers ont dû affronter les boulettes des cannons et

des fusils pour libérer cette portion de terre très chère et prospère; nous devons donc la protéger, la développer et l'embellir.

La Tragédie du Peuple Haïtien

22 octobre 1957, 21 avril 1971, dix-neuf ans six mois depuis que le régime des Duvalier maltraitait le peuple

Haïtien. C'était la liberté à l'injustice. Les miliciens communément appelés "tonton macoute", étaient les seuls juges et le président F. Duvalier communément appelé "papa doc", le ministre de l'injustice. Les tontons macoutes avaient le pouvoir d'arrêter sans mandat juger bastonner emprisonner ou tuer n'importe qui, n'importe quand, n'importe où, et même n'importe comment, selon leurs volontés. Leur objet d'accusation était : «wap pale gouvènman-an mal ». Sur ce, Vous méritez d'aller à fort dimanche pour être jugé, car Fort Dimanche était considéré comme le palais de l'injustice.

Si Duvalier avait commis tous ces crimes, c'était juste dans le but de fortifier et de maintenir son pouvoir. Cependant, il a su malgré tout, lutter pour la fierté et la valeur de son peuple. Avant sa mort le 21 avril 1971, il a légué le pouvoir à son fils Jean Claude

comme héritage. Celui-ci n'avait plus que dix-huit ans. C'était un enfant qui devait piloter un avion boïne 727 rem-plis de passagers à destination inconnue.

Jean Claude, une fois arrivé au pouvoir, prononça un discours visant une meilleure vie, avec de meilleurs traite-ments pour le peuple Haïtien. Cependant, les gens de son entourage l'empêchèrent peut être de réaliser ses rêves. Il n'avait pas non plus les expériences nécessaires pour diriger toute une nation. La force motrice que son père a laissée à ses cotés, agissait à l'encontre des normes, à un moment où l'on parlait de droits de l'homme et de la démocratie à travers le monde.

Du père au fils, après 29 ans de gouvernance, le peuple a dû se révolter contre le régime Duvaliériste et forçait le fils à quitter le pouvoir, le sept février 1986. A cette époque, on pouvait croire que les yeux du peuple allaient s'ouvrir pour se diriger vers le développement, mais loin de là. Chaque jour il marque de nouveaux pas vers l'abîme.

Haïtiens, chers compatriotes, l'heure est à la technologie. Cessons donc de croire aux grands discoureurs. Croyons plutôt a ceux qui ont de bons projets de société, capables de développer l'espace géographique de nos départements. C'est alors que nous ferons de bon choix, visant le développement de notre terre natale, Haïti chérie.

Le Vent de la Révolte Contre Jean Claude, baby doc Après tous les mauvais traitements infligés contre le peuple Haïtien, il y avait un vent de révolte contre Jn. Claude Duvalier baby doc, qui Commençait à souffler au milieu de l'année 1983 et atteint son apogée le sept février 1986. C'est une date très mémorable dans l'histoire du peuple Haïtien. Cet événement a coûté malheureusement, la vie à de nombreux Haïtiens, notamment les miliciens, gardiens fidèles du pouvoir Duvaliériste. La population a été vraiment sans pitié ; c'était donc le carnage. Les autorités de l'heure ont laissé le peuple à agir selon leur gré au nom de la démocratie. Si on veut croire aux faits, le peuple Haïtien n'était pas prêt pour ce mouvement dit démocratique, car il n'avait pas de leader préparé politiquement et sur le plan technique pour maintenir ce grand mouvement.

En effet, les forces armées ont emparé du pouvoir dans le but d'organiser des élections

dites démocratiques aux fins d'avoir un président civil, élu pour cinq ans sous la bannière de la constitution de 1987 Cependant, le goût du pouvoir a porté cette "forces armées d'Haïti" a réagir à l'encontre de la volonté populaire. Elles se sont arrangées pour garder le pouvoir aussi longtemps que possible.

Pour sa part, le peuple Haïtien Ayant constaté la volonté de cette institution de maintenir le pouvoir, et ceci contre l'économie du pays ; il commençait à manifester contre elle, la forçait de remettre le pouvoir à un gouvernement civil qui serait capable de mener le pays sur la voie de développement.

Les forces Armées d'Haiti, ne voulant pas remettre le pouvoir, commençaient à matraquer le peuple, le tuer au point qu'on avait l'impression qu'il était encore sous le régime de Duvalier qu'on avait récemment destitué. Malgré toutes les protestations contre l'administration militaire, le peuple réclamait l'organisation de nouvelles élections, pour avoir un changement politique dans le pays, avec un président civil, l'armée continue à jouer le tout pour garder le pouvoir. Le Général Henry Namphy qui dirigeait le pouvoir militaire à l'époque, aidé par son super ministre d'alors Mr Lesley Delatour, négociait les moyens de fermer les grandes entreprises qui employaient les gens, telles que, ENAROL, MINOTRIE d'Haïti, Asco etc. Tout cela, pour faciliter la route au pays exploiteur d'installer leurs produits. Après la fermeture de ces entreprises, les employeurs devenaient sans emploie, et la misère grandis-sait de jour en jour au milieu du peuple. On a demandé qu'est-ce qui permet à ces gens d'agir toujours dispropor-tionnellement contre la volonté du peuple de leur propre pays ? On aurait pu dire que le pays n'était pas à eux; ; ils essayaient de faire disparaître cette nation aux yeux du monde. Cette négligence représente une honte pour la Nation Haïtienne.

Depuis que la décision du président Général H. Namphy, a fait son chemin dans la fermeture des entreprises, les Haïtiens qui ont peur du futur incertain d'Haïti, ont quitté le pays en masse, par de petites embarquassions, pour se sauver la vie de la répression des militaires. Malgré tout

le désespoir de ce peuple, les leaders politiques Haïtiens continuaient à lutter entre eux, pour s'accaparer du pouvoir; car ils ne pensaient pas à l'avenir d'Haïti, sinon qu'à eux-mêmes, alors que le peuple Haïtien s'est crevé de faim et de misères.

Certes, Baby doc et ses acolytes ont pillés la caisse du trésor public, faisant leurs fortunes au bénéfice de leurs familles, et laissant le peuple noyé dans la misère. Les familles Haïtiennes continuaient à se nourrir de la poussière de la terre, entre temps le pays plongeait dans les ténèbres de désespoir. Qui sera le premier à prendre la destinée du pays pour lui doter de nouvelles orientations, où le peuple Haïtien vivra sans contraintes? Pourquoi les intellectuels Haïtiens se montrent-ils non concernés de ce qui se passe dans leur pays natal ? Pourquoi la bourgeoisie Haïtienne refuse d'investir en contribuant au développement du pays ? Un jour la vérité ouvrira les yeux de tous et, les permettra de voir, riches ou pauvres, intellectuels ou en alphabets, nous sommes tous dans les mêmes bassins malsains comparables aux porcs de la croix des bossales dentant. Comment pensez-vous être exempt de l'épidémie, si les gens infectés vous entourent. N'oublier jamais, quand on traite Haïti pays sous développé, pays malsain, pays non alphabétisé ; Quelque soit votre rang social, aux yeux du monde extérieur, nous sommes tous à la manière de notre pays « Haïti »

Le coup d'Etat

Pourquoi y a-t-il coup d'Etat ? Est-il un bon ou une mauvaise pratique ? Coup d'Etat est le dernier recours qu'une armée professionnelle aurait utilisé, pour renverser un système dictatorial et ouvrir la voie à un précepte démocra-tique dans un pays.

Ce manœuvre a été toujours organisé sous l'influence d'un leader progressif, qui serait capable d'apporter la paix et la tranquillité dans une région. Cependant, pour Haïti c'est différent. Les hauts gradés de l'armée ont toujours pris le pouvoir, pour satisfaire leur propre désire ou ce d'un groupe d'amis quelconque. Ils oublient toutes les notions de bien faire et agissent méchamment contre leur propre patrie à la satisfaction de leur bien-être. Voilà pourquoi Haïti a perdu presque toute sa saveur et sa beauté. Cette perte engendre le découragement et la déconcentration chez les plus grands nombres Haïtiens qui ne veulent pas y habiter soit, pour cause d'insécurité ou autre qu'on ne peut pas même expliquer.

Depuis son existence comme institution après l'expulsion de l'armée Française en 1804, l'armée Haïtienne n'a pas su faire preuve de professionnalisme à l'intérêt commun de la nation. En un mot, coup d'Etat devient une pratique commune pour cette armée; une coutume qui constitue un poison pour l'économie Haïtienne et un désastre au milieu même du peuple Haïtien. Voilà en effet, l'une des causes du sous-développement d'Haïti. Il demeure cependant un problème de conscience et de négligence.

Le 7 février 1986, le Général Henry Namphy a pris le pouvoir après le départ forcé du président Jean Claude Duvalier et de ses compagnons. Le 29 Novembre 1987, le Général Henry Namphy tentait d'organiser des élections pour instituer un gouvernement civil au Palais National. Ces élections ont terminé par un bain de sang, du fait que le leader futur gagnant de ces élections, ne partageait pas les idéologies du général; il n'était pas apte à recevoir la béné-diction du grand patron, celui qui demeure la source même de tous les problèmes d'Haïti. Néanmoins, si l'on veut avoir une solution durable du sous-développement d'Haïti, il faudrait trouver des stratégies permettant de nous débarrasser de ce patron, d'une manière ou d'une autre.

Past Sylvio C. Claude, l'éventuel vainqueur de cette élection, était un ancien leader qui a combattu le régime des Duvalier. Il a été très populaire sur le terrain politique Haïtien. Il a gagné les élections de novembre 1987 aux premières heures de cette compétition électorale.

Général Henry Namphy, sachant que past. Sylvio C. Claude n'allait pas diriger avec son armée, a choisi de conter les bulletins avec la plume des baïonnettes de son armée, ayant pour ancre le sang du peuple, partisan de la démocratie à l'époque. Ce malheureux événement a coûté la vie approximativement à plus de 3,000 à 4,000 Haïtiens. Sylvio Claude était donc un martyre, un homme qui a su lutter pour libérer Haïti de la dictature des Duvalier. Il aimait beaucoup Haïti. Cependant, il fut lâchement assassiné lors du coup d'Etat qui a renversé le président Jean Bertrand Aristide, dans la nuit du 29 au 30 septembre 1991; à l'entrer de la ville des cayes, chef lieu du département du sud.

L'arrivée du professeur Leslie François Manigat au pouvoir. Apres les élections de Novembre 1987, élection qui restait comme un écriteau gravé dans la mémoire des Haïtiens, le peuple se trouve dans une impasse très difficile. Peut-on oublier cet événement sanglant ? Jusqu'à présent il a laissé des larmes aux yeux des mères et des pères de la famille Haïtienne. Peu après, le Général Henry Namphy a organisé dans l'année 1988, une nouvelle élection en faveur du parti R.D.N.P, dirigé par le professeur Leslie F. Manigat. Les généraux de l'armée pensaient que le professeur Manigat allait travailler en leur faveur. Cependant, professeur Manigat faisait le contraire. A ce moment, un torchon brûlait entre l'armée et la présidence.

Manigat commandait le statu quo jusqu'à ce qu'une solution définitive soit trouvée. Le Général en chef de l'armée Haïtienne a cité l'article 143 de la constitution qui déclare que, le président est le chef nominal des forces armées, mais il ne peut pas les commander en personne. Cette déclaration était un message qui devrait montrer clairement au président Manigat, qu'il n'était pas détenteur du pouvoir suprême sur le territoire de la république. Pour calmer la tension des uns et des autres, une réunion a été annoncée entre le président Manigat, Henry Namphy et Williams Régala, ancien Général de brigade des forces armées d'Haïti et membre du Conseil National de Gouvernement (CNG), qui était devenu ministre de la défense Nationale, sous le gouvernement de Manigat. Les idées ont changé, la réunion n'a pas pu se maintenir et elle est renvoyée au calendrier grec. Pour diminuer l'influence des forces armées, le professeur a choisi de mettre en quarantaine certains généraux de l'armée en commençant par le général Henry Namphy premièrement. IL l'a mis en résidence surveillée. Inquiétée de la politique du Professeur Manigat à son égard, l'armée se sentait menacée et s'empressa de réagir pour se débarrasser du gouvernement du professeur Manigat. Dans la nuit du 18 au 19 juin 1988, l'armé a conspiré, s'empara du pouvoir et fait partir le président Manigat pour l'exile. A qui veut l'entendre, le gouvernement du professeur Leslie F. Manigat reste et demeure l'une des chances les plus rares que le peuple Haïtien ait jamais ratée.

Manigat est l'un des leaders politiques Haïtiens le plus formé dans les affaires politiques, malgré ses erreurs

Une chose que les dirigeants haïtiens doivent savoir, votre peuple vous jugera sur ce que vous pouvez construire, pas ce que vous pouvez détruire. Pour ceux qui s'accrochent au pouvoir par coruption et la tromperie et le silence de dissidence, de savoir que vous êtes du mauvais côté de l'histoire, mais que nous allons tendre la main si vous êtes prêts à desserrer le poing, Parole d'un grand leader du monde En dépit de toute critique qu'on lui a été fait, le professeur Manigat reste et demeure un leader très compétent sur le plan intellectuel et politique. Il est un professeur universitaire ayant de bonne connaissance en éducation et en science politique. Il ne pouvait pas garder le pouvoir en 1988, du fait qu'il a essayé de mettre son savoir au profit du pays en créant des choses utiles, pour attirer le peuple vers son programme politique. Alors qu'il n'a pas pris en considération la mode d'emploi que les membres de la FADH ont faite de la démocratie, après la chute de Jn. Claude Duvalier. Dans ce cas, Chacun attendait un jour ou une occasion pour se faire nommer président de la république d'Haiti quoi qu'il ne soit pas à la hauteur de cette position. En dépit de tout, ç'a été une meilleure occasion, pour le peuple Haïtien de faire un bon choix pour le développement de l'économie Haïtienne.

Le président Manigat a été chassé du pouvoir par le Général Henry Namphy et son armée, pour permettre à cette dernière de continuer à garder le pouvoir, contre l'intérêt de la masse populaire et de l'économie du pays. Après

un temps au pouvoir, Général Henry Namphy décidait de remettre le pouvoir à un grand tonton macoute, un grand ingénieur de la classe intellectuelle du pays très progressif nommé Franc Romain, un ancien maire de la commune de Port-au-prince. La base de l'armée qui ne se sentait pas trop à l'aise du choix de l'ingénieur Franc Romain, se conspira elle même contre le Général Henry Namphy, ayant à leur tête le sergent Joseph Hébreu. Il renversa le gouverne-ment du Général Namphy et lui fit partir pour l'exile le 17 septembre 1988.

En un mot on pourrait dire, c'est la réciprocité que la base de l'armée a rendue au Général Namphy, pour la méchanceté qu'il a faite au président Manigat: qui frappe par l'épée périra par l'épée aussi; et ce qu'un homme aura semé, il le moissonnera aussi, dit la bible.

Chapitre 3

La montée de Prosper Avril et son geste patriotique

« Un conservateur est un homme qui a deux bons jambes en parfait états, mais qui n'a jamais appris comment marquer un pas ».Franklin D. Roosevelt

Après que la base de l'armée, dans une opération menée par Joseph Ebreux, ait fini de renverser le Général Henry Namphy le 17 septembre 1988, il appela Prosper Avril, un homme très expérimenté du régime des Duvalier, très intelligent, spécialiste en crime, et lui remit le pouvoir le 18 septembre 1988. Depuis son arrivée au Palais National, les exactions telles que crime, vol et viole ont manifesté leurs présences, le jour comme la nuit. C'était la licence au libertinage dans le pays.

On pourrait dire que presque tous les actes de vandalismes ont pris naissance ou manifesté en plein jour sous le gouvernement de Prosper Avril. Le droit de l'homme ne fut pas respecté; en témoigne le mauvais traitement des gens tels que, Evans Paul dit Kaplim, Marineau Etienne et Auguste Mersier.

Prosper Avril s'est arrangé pour détruire les forces armées d'Haïti, le corps le plus important pour la nation; tel que, les Bataillons des Casernes Dessalines et le corps des Léopards, dans une bataille pour ne pas dire une guerre entre les forces du Palais National contre les deux autres camps militaires, défenseurs du territoire national. Cette bataille a coûté la vie à de nombreux innocents, tant du coté des militaires que celui de la population civile.

Dès son arrivée au fauteuil présidentiel, général Prosper Avril a promis de respecter les droits fondamentaux des Haïtiens, dans une interview accordée au regretté journaliste Jean L. Dominique. Il a promis également de rendre publique le résultat des investigations sur les crimes tels que: Louis E. Athis, Yves Volel et celui du massacre du 29 Novembre 1987. Comme cela a été dit, un rapport sur le meurtre de Louis E. Athis a été rendu publique le 15 Novembre 1988, lequel fit comprendre que Athis a été tué simplement parce qu'il accompagnait Oscar Dongervil, qu'on avait abhorré dans une petite localité où Athis devait prendre la parole. Athis avait été tué parce qu'il était accompagné de Dongervil. Fin de citation.

Concernant le massacre du 29 Novembre 1987, la

commission du gouvernement d'Avril a utilisé le même rapport qui a été préparé par la commission d'enquête spéciale du gouvernement du Général Henry Namphy le 15 Janvier 1988. Pour rafraîchir votre mémoire, maître Yves Volel fut assassiné à l'intérieur même de la salle de garde du département de l'investigation des recherches criminelles de Port-au-prince.

La commission du gouvernement d'Avril ne dit rien sur ce cas d'assassinat. Dilatoire des deux cotés, en dépit de tout, un appel a été lancé au gouvernement militaire par des leaders politiques, pour réformer le système judiciaire dans le pays. Le bâtonnier de l'ordre des avocats ont subi des attaques continuelles durant cette période. Le 29 Octobre 1988 le cadavre de l'avocat Jacques Philippe a été trouvé sur la route du nord. Ses collègues ont protesté et observèrent un arrêt de travail pour une durée de 4 jours,

pour manifester leur mécontentement contre le climat de l'insécurité qui a été installé dans le pays. Cependant, ils ont été eux-mêmes agressés, pour cet acte de solidarité. Le 9 Février 1989, les 28 leaders des partis politiques, union des organisations et l'organisation

socio-professionnelle ont participés dans un forum organisé par le gouvernement militaire, dans le but de créer un conseil électoral.

Bien avant, les autres organisations activistes se sont réunies pour organiser leur propre forum, du 5 au 7 Février 1989 déclarant que, le gouvernement du Général Avril a agit sans respect pour la constitution du pays, en faisant des promesses qui ne sont jamais tenues. De ce fait, elles ont lancé une grève Générale du 8 au 9 Février, et exigeaient la démission du Général Avril au pouvoir. Cette grève a été observée presque dans tout le pays et a paralysé tous les secteurs de la vie économique du pays.

Le 23 Février 1989, le gouvernement militaire a pris un autre décret, créant le conseil électoral permanent (CEP), basé sur la recommandation faite par les participants du forum gouvernemental le 17 Février 1989. Sous le terme de ce décret, le CEP aurait la mission d'organiser et de contrôler, d'une manière indépendante, toutes les opérations électorales, jusqu'à l'échéance des votes et à la proclamation des résultats. Quelques uns des partis politiques ont réagis favorablement au décret gouvernemental en disant, qu'il embrassait les recommandations faites dans le forum. Les autres ailes dures des partis politiques ont continué de solliciter la démission

du Général Prosper Avril du pouvoir. Ces leaders politiques se sentaient que le climat n'était pas favorable pour organiser les élections dans le pays, parce que jusqu'à L'heure, la machine de la répression continué son chemin dans le pays plus particulièrement contre les paysans, par des chefs de sections communales; Dilatoire dans la politique Haïtienne pour conduire le pays au port de l'échec.

Dès le 21 octobre 1988, le général Prosper Avril a prononcé son premier discours à la nation Haïtienne, annonçant des modifications qui allaient être opérées dans la constitution Haïtienne. A l'occasion de son anniversaire, il proclamait un décret qui allait créer un conseil électoral indépendant, pour organiser les scrutins premièrement, les

élections pour les Casecs (conseil administratif des sections communales) et en suite les élections municipales, législatives et présidentielle. Le 3 Novembre 1988, le Général Avril pris un décret, créant le conseil indépendant appelé "collège électoral d'Haïti" (CEDHA), chargé d'opérer sous la protection du ministère de la justice.

La communication du décret a été soumise aux leaders politiques et divulguée par la presse Haïtienne. Cependant, la réponse des leaders politiques, était de rejeter le projet du General Avril, le qualifiant d'anti-constitutionnel. Les partis politiques demandaient au gouvernement militaire de s'adhérer à la lettre de la constitution du pays, suivant l'article 289 , qui désigne un certain nombre d'associations et d'institutions chargées de nommer les neuf membres du conseil électoral.

En effet, Les gens d'armes ont fait beaucoup de mal à la population civile, mais les Haïtiens ont regretté la destruction de ses deux camps militaires qui représentaient la fierté du pays. Les Bataillons des casernes Dessalines et le camp des Léopards étaient les deux forces spécialisées que Haïti possédait. Depuis la disparition de l'institution militaire, Haïti a perdu sa valeur. Les soldats de la republique dominicaine ont traverses regulièrement la frontier et opérés des

exactions de toutes sortes sur nos paysans. Le général Avril a hypothéqué la souveraineté de la république d'Haïti, en démobilisant les forces défensives du territoire national. Toujours pour réclamer la démission du Général Avril

le 21 Novembre 1988, l'organisation syndicale Central Autonome des Travailleurs Haïtiens (CATH) a lancé une grève générale, qui paralysait la capitale Port-au-Prince, le Cap-Haïtien et presque toutes les régions des neufs départements géographiques d'Haïti.

Les organisateurs de ce mouvement ont considéré la réussite à plus de 85%. Le but principal de cette grève était d'envoyer un signal d'alerte au gouvernement d'Avril, pour empêcher les membres des groupes paramilitaires de continuer à terroriser la population et créer un climat de sécurité à travers tout le pays. Des coups de canon se font entendre chaque soir, et des cadavres sont abandonnés dans les rues comme avertissement. Il y avait un citoyen qui a qualifié Port-au-prince à l'époque, comme un terrain de combats. Le 25 Novembre 1988, le Ministère de la justice a qualifié ce soit disant signale d'alerte, comme un crime selon les articles 78, 178, 138 et 258 du code pénal Haïtien, parce que selon lui, les grévistes ont tenté de railler à la sécurité interne de la nation.

Après le forum organisé par le gouvernement militaire, dirigé par le General Prosper Avril, quelques leaders des partis politiques ont proposé, que le pouvoir exécutif forme un conseil électoral provisoire, similaire à ce qui a été établi en Mai 1987. En attendant que les conditions soient réunies pour créer le conseil électoral permanent, Le conseil électoral provisoire sera formé avec un représentant du pouvoir exécutif, celui de la conférence épiscopale d'Haïti, de l'Union des organisations, de la cour de cassation, des organisations des droits humains, du conseil des universités, de l'association des journalistes, des Eglises Protestantes et du conseil des coopératives. Malheureusement, cette proposition n'a pas pu être mise à jour. Le 14 Octobre 1988, le nouveau gouvernement du général Avril a reçu sa première épreuve dans un coup d'Etat raté, préparé par les membres de l'armée dont il est le général. À la suite de l'échec, 12 soldats ont été arrêtés, Parmi lesquels, Frantz Patrick Beauchard. Le 14 autres membres de la garde présidentielle furent gardés en détention, sans avoir accès aux membres de leurs familles ou un conseil légal des hommes de loi, jusqu'au 6 Décembre 1988. ces soldats furent heureusement défendus par certains secteurs de la population, comme ayant été l'instigateur de l'esprit de la reforme du coup organisé contre le Général Henry Namphy le 17 Septembre 1988, lequel a porté Prosper Avril au pouvoir.

Le 1er au 2 Avril 1989, le gouvernement du Général Prosper Avril a expérimenté son deuxième coup d'Etat raté. A la fin du mois de Mars 1989, le haut commandement de l'armée Haïtienne a expulsé de l'institution 14 officiers, hauts gradés et très importants, accusés de participer dans le trafique des stupéfiants. En connéction aux officiers expulsés, un bon nombre d'officiers furent transférés, soit de leurs positions ou de leur commandement, jusqu'à ce que le général Prosper Avril ait regagné le control de la situation. Il tentait d'expulser aussi du pouvoir, le commandant en chef du corps des Léopards, à savoir le col.Himmler Rebu aussi bien que le fameux col. Philippe Biamby, commandant en chef de la garde présidentielle, qui furent les promoteurs du coup raté. Un groupe d'environ 300 démonstrateurs hostiles au pouvoir d'Avril ont barricadé la route de Delmas.

Les soldats proches des colonels ont occupé l'Aéroport international de Port-au-Prince, pour empêcher le départ
pour l'exil de leur commandant. Des Tanks et des véhicules blindés des casernes Dessalines entre temps, faisaient leurs apparitions à Delmas, en tirant des coups d'armes automatiques de haut calibre pour semer la panique. Ce fut la consternation du coté de la population.

Les Léopards de leur coté, ont pris d'assaut la station de télévision d'Etat, la télévision nationale d'Haïti TNH et ils firent trois demandes principales sur les ondes d'une station privée de la capitale, Radio Haiti Enter. Ils réclamèrent la libération du LT. Col. Himmler Rebu, un gouverne-ment civil pour remplacer le gouvernement militaire et, l'application de la constitution de 1987. Entre temps, les colonels Himmler Rebu, Philippe Biamby et Léonce Qualo du grand Quartier général, furent expulsés par voie terrestre en République Dominicaine le lundi 3 Avril 1989, par l'homme intelligent du pouvoir, Monsieur Prosper Avril. De la République Dominicaine, les exilés furent renvoyés à New York Via Miami ; et arrivés à New York, ils furent arrêtés par les agents de l'Immigration et gardés en détention pour plusieurs mois, sans aucune charge jusqu'à ce qu'ils furent autorisés à quitter New York à destination de Venezuela.

Le 5 Avril 1989 la crise se dégénérait. Des soldats de la Bataillon des casernes Dessalines se joignirent aux soldats rebelles. Ces soldats ont déterminé de continuer à protester contre l'expulsion de leur commandant. Ils réclamèrent la démission du Général Prosper Avril au pouvoir, dans une déclaration faite sur les ondes de l'une des stations de Radio de la capitale. Ces soldats accusèrent Avril d'être responsable de la mort des soldats du camp des Léopards, et ils demandèrent à la population de rester chez eux. Un

Détachement considérable de soldats du camp des Léopards vint d'arriver sur des camionnettes et des chars blindés, pour supporter les soldats de la Bataillon des casernes Dessalines qui eux, réclamèrent déjà la démission du Général Avril. Plus tard dans l'après midi du 5 Avril 1989, des véhicules blindés de la garde présidentielle ont pris position sur la pelouse du Palais National. La Bataillon des casernes Dessalines était la plus grande et la mieux entraînée en Haïti. Elle a été composée de 900 hommes à coté de la garde présidentielle qui comptait elle même environ 1,100 hommes. Dans la nuit du 5 au 6 Avril, de grosses détonations d'armes automatiques retentissent dans les environs du Palais National à Port-au-Prince. Aucune lumière n'a été jusqu'à présent faite, pour éclairer le peuple Haïtien sur le nombre de militaires ou de civils blessés ou morts dans cet incident tant regrettable.

Pour empêcher la population de s'informer sur la mutinerie des soldats rebelles, le général Avril a pris un décret décrétant le pays en Etat d'urgence. Le gouvernement militaire a ordonné que tous les départements militaires du pays soient restés en Etat d'alerte maximum. Le président, qualifié de facto a annoncé que seules les informations dûment vérifiées par le gouvernement seraient permises d'être circulées et diffusées. Néanmoins, les stations de Radio et la presse écrite ont été renseignées par les soldats rebelles.

Malheureusement, les soldats rebelles de la Bataillon des casernes Dessalines et ceux du corps des Léopards avaient perdu la bataille contre ceux de la garde présidentielle et comme résultat, les militaires de ces deux garnisons furent démobilisés.

Le 17 Avril 1989 approximativement 625 soldats et 53 officiers de la Bataillon furent convoqués pour apporter leurs armes et les autres propriétés de l'Etat, qu'ils avaient en leur possession, au grand quartier General. Guy François, le fameux commandant en chef de la Bataillon des casernes Dessalines qui se faisait présenter pour retourner ses armes, avait été réembauché et il a été transféré et consigné à un autre département militaire.

Dans un rapport reçu par la commission de l'une des organisations des droits humains, la dissolution des deux camps militaires pouvait conduire à une réduction du budget militaire d'Haïti, ce qui représentait 35% du budget National. Ces fonds devraient être additionnés à ceux de l'éducation, de la santé, l'agriculture ou autres. En effet, ne serait-il pas aussi important aux lecteurs, de penser un petit peu sur ce problème majeur qui a étalé la corruption en Haïti ? En d'autre terme, demanderions-nous : Qui sont ces gens, Prosper Avril, Henry Namphy, Philippe Biamby, et Leonce Qualo ? Ne sont ils pas tous des Haïtiens ? Pourquoi ne mettent ils pas leurs connaissances au service d'Haïti ? Quelles sont les pensées de ceux qui voulaient détrôner Avril ? N'allaient-ils pas réagir de la même manière que prospère Avril? Une seule chose est certaine malgré tous les dommages que ces gens ont causés à Haïti; Haïti ne peut pas mourir. Elle doit vivre, et les Haïtiens vivront tous quand bien même un jour, une vie meilleure. Après toute les protestations contre son gouvernement, Prosper Avril dans un discours au Palais National disait: «si réellement le peuple Haïtien aurait à manifester leur mécontentement contre mon gouvernement, je serais prêt à démissionner; à la seule condition, qu'il prenne la rue demain matin, au petit jour pour réclamer ma démission».

La population a pris le Général Prosper Avril à ses propres mots. Presque la majorité du peuple regagnait la rue, pour crier d'une seule voix « Abas Avril ». Comme il l'a demandé, le peuple lui a démontré leur insatisfaction de sa gouvernance. Comme cela a été promis, le général a démissionné de ses fonctions comme président le 10 mars 1990. C'était un grand geste patriotique de la part du Général Avril. Le pouvoir a été remis au Général Herard Abraham, un homme d'une qualité exceptionnellement rare, dans les rangs des membres des forces armées d'Haïti. Tel fut un bref rappel historique de la gouvernance

Du Général Prosper Avril.

L'honnêteté du Général H. Abraham

Accédé au pouvoir, Après la démission

du Général Prosper Avril, le Général Herard Abraham a étonné tous les Haïtiens de son comportement et sa neutralité dans les affaires politiques Haïtiennes. A un moment très critique de la vie politique haïtienne, il était appelé à garder le pouvoir pour une durée de trois jours, selon les prescrits de l'article 149 de la constitution de la république d'Haïti. Il n'était pas intéressé à le garder trop longtemps, contrairement à ses prédécesseurs.

Après une journée de dilatoire au niveau des leaders politiques, toujours en retard en ce qui concerne le progrès de ce pays, Pour montrer sa neutralité dans la politique, General Herard Abraham levait sa voix, pour alerter les responsible politiques d'Haïti à trouver sans tarder, quelqu'un de la cour de cassation pour maintenir la présidence provisoire, comme a prévu la constitution du pays, et lequel aurait la mission d'organiser les élections générales dans tout le pays dans les quatre-vingt-dix jours.

Le Général Herard Abraham a quitté son nom gravé dans l'histoire de la gouvernance en Haïti, comme un homme responsable et honnête. IL a montré au peuple Haïtien, comment il respectait leur droit, résumé dans le livre mère des lois Haïtienne, lui permettant de choisir, lui même son propre représentant qui soit capable de travailler au profit du progrès de leur patrie. A l'arrivée du juge de la cour de cassation, le général s'est retiré du fauteuil présidentiel, pour regagner son poste de commandant en chef des Forces Armées d'Haïti FADH au grand quartier général. Il peut donc être considéré comme un Héros de la démocratie en Haïti.

Le peuple Haïtien doit en fait, saluer le courage du général H. Abraham, pour sa détermination de faire tout ce qui est possible, en vue de sauver son pays. C'est donc l'un des rares généraux le plus respectable et le plus honnête qu'Haïti n'ait jamais eu après l'occupation de 1915. Il a finalement remis le pouvoir à la vaillante femme, juge de la cour de cassation, Madame Ertha Pascal Trouillot qui

elle même, a fini par accepter de gouverner provisoirement le pays, en vue d'organiser les élections générales du 16 Décembre 1990. Cependant, la situation n'a pas été trop facile pour le juge; elle a connu pas mal de problèmes et de déceptions.

Arrivée au Palais Nationale le 13 Mars 1990, Ertha P. Trouillot a dû se débrouiller pour résister à la pression des leaders politiques du pays. Elle résista et annonça que les élections pour le 16 décembre 1990. Elle invitait les observateurs de presque tous les pays membres des Nations Unis, de la CARICOM et de l'OEA, à venir superviser le déroulement de ces élections, à fin de remettre la destinée du pays à un président élu démocratiquement. Comme il a été annoncé, l'expérience a été faite, et pour la première fois dans notre histoire, malgré tout, une élection plus ou moins fiable a été organisé, et le candidat Jn. Bertrand Aristide l'a remportée à plus de 67% des votes de la population Haïtienne.

Le président Ertha Pascale Trouillot face à ses épreuves « La raison qui explique la faible présence des femmes dans les courses politique c'est qu'il y a trop de mal à se faire maquiller ».Eddy Murphy

Comme à l'ordinaire, Ertha Pascale Trouillot a fait face à de nombreuses épreuves. Dans la nuit du 6 au 7 Janvier 1991, un grand leader des "tonton macoutes" a pris d'assaut le palais National avec la complicité de quelques un des membres de l'armée à savoir le fameux « Roger Lafontan ». Aucune lumière n'en a été faite jusqu'à présent. Le leader de trouble était le Dr. Roger Lafontan. Ce fut un évènement sans pareil qui restait jusqu'à présent, comme un rideau noir aux yeux de tous les Haïtiens, à savoir, quelle porte Dr. Roger Lafontan a-t-il été utilisée pour entrer jusqu'au fauteuil doré du Palais National. Il n'a jamais dit clairement, celui qui lui a facilité le pouvoir. Cependant, si l'on veut bien comprendre son langage, dans son discours qu'il a prononcé au Palais National, on peut comprendre qu'il a reçu la bénédiction d'une force gardienne du palais, pour y arriver.

Après que Lafontan ait fini de prononcer son discours, le Général Herard Abraham ne prenait pas du temps pour réagir disant : si Lafontan a parlé de cette façon, nous les forces armées d'Haïti, nous allons le fouter au dehors du palais. Au même moment il avait demandé au peuple Haïtien de garder leur calme. IL prit sa troupe, se rendait au Palais national, liait le Président de facto R. Lafontan et le conduisit au pénitencier National, accompagné de ses associés, en attendant la décision de la justice du pays. Cet événement a eu lieu le 7 janvier de l'année 1991.

La réaction du Général Abraham a porté beaucoup plus de doute à l'esprit du peuple Haïtien, sur la force complice de Dr. R Lafontan. Toute la societé Haïtienne se questionnaire sur ce coup. Les uns disent que c'est l'armée qui en fut l'auteur et les autres disent si c'était l'armée, comment pourrait-elle évacuer aussi vite, le docteur du Palais National ? C'était la grande confusion. Néanmoins, bien que la force ou le moyen par lequel le docteur Roger Lafontan eusse été accédé au fauteuil du palais national reste controversés,le général H. Abraham a une fois de plus, sauvé la démocratie. Malheureusement, le docteur a été lâchement assassiné semble t-il, à l'intérieur même de la prison du pénitencier national, en vertu de la confusion, juste pour faire ce qu'on appelle « kase fèy kouvri sa » dans le langage haïtien. Homme politique doté de si grandes connaissances et de valeurs, nous comprenons jadis, que Dr Roger Lafontan n'a pas mérité de telle sentence; on aurait dû l'épargner de toutes les façons, eu égard à son passé. C'est très regrettable pour notre pays !

Chapitre 4

Qui était Jean B. Aristide ?

« La politique est l'art pacifique d'obtenir des votes du pauvre et collecter des fonds du riche en promettant la protection à tout un chacun ».

Aristide est un grand homme qui se fait maître de l'astuce. C'est un prêtre catholique qui avait des discours révolutionnaires, différents de ceux des leaders traditionnels en Haïti. Il dirigeait une église catholique, située au boulevard Jn. jacques Dessalines, en face d'un quartier populaire nommé Tokyo, à proximité du Marché communément appelé Marché tête bœuf, près du carrefour de l'ancienne aviation militaire de Port-au-prince. Essayons d'apprendre un peu de cet homme docteur en pyrotechnie. Le discours de ce prêtre était toujours anti-impérialiste. D'après lui, ce sont ces derniers qui empêchaient aux petits pays de se lancer sur le chemin du développement. Ces grands pays eurent à utiliser une politique astucieuse, pour appauvrir de plus en plus les petits pays. Ce fut toujours un plaisir pour les Haïtiens de rester assis, pour écouter soit, sur les bancs de l'église de st jn bosco, soit sur les ondes de la radio soleil, ce prêtre qui parlait ou prêchait

en faveur des pauvres et celui du peuple en général.

Quand il parlait, les Haïtiens de toutes les couches sociales pouvaient tirer de ses paroles, un sérum pour revitaliser leurs nerfs. Un sentiment de nationaliste pénétrait l'esprit de tous, surtout ceux des couches de la classe prolétaire qui l'écoutent patiemment et régulièrement. Si l'on voulait croire à ses paroles, on aurait l'impression que le sang de Dessalines, de Christophe et de Capois la Mort et de Pétion, coula à flots dans l'ensemble de ses veines.

Issu de la dictature des Duvalier, et respirant un air de la démocratie, le peuple attendait l'occasion la plus favorable pour confier le pouvoir à un élément de leur classe qui est Jn. B. Aristide. Comme il avait su toujours bien le dire : L'homme aux abords du pouvoir n'est pas l'homme au pouvoir; Haïti a connu avec Aristide l'une des expériences la plus malheureuse que jadis.

Le comportement d'Aristide au pouvoir

Certains hommes ont changé leur parti pour l'amour de leur principe et d'autre, ont changé leur principe pour l'amour de leur parti ». Winston Churchill

La première arrivée du président Aristide au pouvoir le 7 Février 1991 ressemblait à un succès pour le progrès de la république d'Haïti. Cependant, Le coup d'Etat de 1991 l'a dévié. Lorsqu'il a regagné son fauteuil présidentiel en octobre 1994, il a laissé la rancune pénétrer son esprit, et le pousser à tracer un plan de division, où il faisait périr lui-même et la Nation après lui. Toutefois, les discours du

Président Aristide n'ont pas été toujours progressiste, parce qu'il a dressé le peuple groupe contre groupe, et le résultat a été toujours catastrophique dans les deux camps; voilà ce qui faisait l'objet de la joie dans le cœur d'un président, responsable de la destinée de toute une nation. A l'issu d'un combat entre les deux groupes quelconque, il les appela toujours, chacun séparément au palais national, pour leur féliciter et leur couronner par une forte somme d'argent. En fait, le Président Aristide n'était pas un réel politicien patriote. S'il avait nourri ce sentiment, l'occasion lui faisait défaut d'être appelé à gouverner un bateau pour lequel il n'était pas préparé. Il n'avait également rien en tête pour promouvoir le développement d'un pays comme celui d'Haïti par exemple.

Il a pris le décret de faire démobiliser l'armée protectrice de la souveraineté du territoire, et la remplacer par une police prématurée, sans aucune prévision de la conséquence. Bien que cette armée était devenue presque intolérable, tenant compte de son comportement envers son propre peuple qu'elle est appelée à protéger.

Les discours du président Aristide n'étaient pas en faveur de l'unité, car il ne prêchait que la guerre au milieu du peuple, au lieu de la paix. Etant prêtre qui devait avoir la mission de propager l'évangile de Jésus Christ

à travers le monde, un évangile de paix, basé sur l'amour et le devoir d'un chrétien envers l'humanité,

il a opté pour la semence de la division et de la rancune dans l'esprit du peuple. Il nous mettait les uns contre les autres, nous apprenant à nous tuer les uns les autres, pour nous faire apparaître aux yeux des autres nations comme un peuple sauvage, une nation cannibale. Ce peuple n'a pas mérité de l'aide humanitaire disaient certaines puissances. Pourtant, le peuple Haïtien n'est pas une mauvaise Nation, c'est un peuple dont les leaders politiques ont toujours servi de leur naïveté, de leurs ignorances et de leurs gentillesses pour leur aider à réparer ou renforcer le moteur de leurs capitaux économiques.

Pour Aristide, faire la paix entre ses supporteurs signifiait, laisser des armes entre leurs mains pour continuer de s'entretuer à l'heure désirée, sans penser au résultat que cela aurait pu produire dans l'avenir. Ces gens divisés ont semé la panique au sein de la société Haïtienne. Il quittait à l'esprit de tout Haïtien, le sentiment de vouloir posséder leurs propres armes, pour maintenir ou garantir leur défense. Cette attitude a engendré beaucoup plus de désordres et la multiplication des gangs armés dans le pays.

Cette division a réduit l'économie du pays à un niveau tellement bas, que les Haïtiens sont obligés de laisser le pays pour aller dans des endroits jusqu'à l'inconnu. Cet amalgame retarda Haïti graduellement et elle devrait attendre plusieurs années avant de se reprendre. Cela a dû faire comprendre qu'Haïti a une dette à payer, sans n'avoir rien acheté de personne. C'est toujours ces mêmes comportements qui font inquiéter le peuple et qui l'obligea à embrasser l'organisation politique Fanmi Lavalas, et l'a portée au pouvoir, avec un score de 99% élus lavalassement, ce qui signifie en d'autre terme élus frauduleusement. Les supporteurs du parti Fanmi Lavalas auraient bien pensé qu'avec un pouvoir gagné à 99%, Haïti allait avoir une chance de sortir sous le joug de la misère chronique depuis son existence; mais hélas! Le futur d'Haïti devient de plus en plus inquiétant.

Presque toutes les institutions de l'Etat Haïtien ont été envahies de gens non qualifiés. Ils faisaient de ces institutions, des casernes de voleurs. Ces gaspilleurs font ce qu'ils voulaient dans la fortune de l'Etat et se servaient de ces

fonds à des fins criminelles et immorales. Ils furent prêts à éliminer n'importe qui oserait s'ouvrir la bouche pour critiquer leurs malversations. Il n'y avait aucun contrôle. Tous décidaient pour eux-mêmes, à n'importe quel moment et n'importe où et n'importe comment dans le pays. Le gouvernement d'alors ne payait aucune attention à leur agissement, pourvu qu'ils élèvent les cinq ou à défaut les dix doigts de leurs mains en l'air, pour dire ou faire dire

"Aristide pour cinq ans, dans le cas contraire pour dix ans". En effet, on peut bien comprendre pourquoi jusqu'à présent, ses fidèles partisans ont continué à réclamer son retour au pourvoir, après son départ forcé le 29 février 2004.

Le peuple Haïtien n'a pas été en fait, le seul à réclamer le retour du leader Lavalassien au pouvoir, après le coup sanglant de 1991. Plusieurs autres leaders, dans le monde diplomatique ont nourri la même volonté, soit pour le respect de la démocratie ou de la loi Haïtienne quelconque.

Par exemple, presque tous les pays qui formèrent la CARICOM luttèrent eux aussi, pour le retour d'Aristide au pouvoir, dans le but de réorganiser des élections libres, pour venir avec un nouveau président élu. Pendant qu'ils se font des dilatoires, Haïti continua à se plonger dans les trous sans fond, avec tous ceux qui y vivent. Malgré les incertitudes au milieu du peuple Haïtien, les leaders politiques du pays, continuent à se battre entre eux, pour partager le pou-voir considéré comme un gâteau, sans penser à prendre des mesures pour sauvegarder leur patrie commune. Où est-ce que le peuple Haïtien ira-t-il habiter plus tard, Si du moins, jusqu'à présent, aucun leader sur le terrain politique, n'a jamais construit un programme de développement fiable, durable et bien adapté à la réalité de la république d'Haïti ? Cette dernière serait sans doute, sujette à devenir un désert, dans les prochaines années. La communauté internationale et le pouvoir lavalas.

« Il y a deux grands courants dans la vie de l'être Humain : la culpabilité qui lui fait devenir conservateur et l'orgueil qui lui fait devenir révolutionnaire. Edmond de Goncourt »

Après Toutes batailles dans la société Haïtienne, causées par le renversement du pouvoir de Jean B. Aristide, comme la communauté internationale a condamné le coup, les responsables des Nations Unis ont négocié avec les responsables de l'armée Haïtienne, qui essayèrent de gaspiller le temps, pour troubler les Nations qui voulaient voir claire dans cet issue politique. Raoul Cedras, le Général qui a été considéré comme traître à l'époque, jouait toute sorte de jeu sur le terrain politique. Autour de lui se trouvait

une bande de faux leaders qui croyaient que les étrangers allèrent jouer le même jeu noir qu'eux, passèrent outre de tous les accords qui ont été signés, ensemble avec la communauté internationale. Ils savaient bien jouer les envoyés de la mission des Nations Unis, pour leur détourner de leurs missions.

Pendant toute la négociation, le peuple Haïtien continuait à se mobiliser, pour pousser la communauté internationale à comprendre le jeu masqué que les responsables de l'armée et les politiciens voulurent jouer sur le terrain. Finalement, le conseil de sécurité des Nations Unis ont pris une ferme résolution, pour envoyer des troupes préparer le chemin au retour du président Aristide en Haïti; le vainqueur des élections du 16 Décembre 1990, selon ce qui a été écrit dans le livret préparé par le conseil électoral provisoire.

La décision des Nations Unis

« je ne sais pas pourquoi, mais il semble avoir tendance à nous séparer, nous éloigner l'un de l'autre, tandis que la nature elle-même s'évertue à nous réunir. Sean O'Casey »

Le 19 Septembre 1994, selon ce qui a été écrit dans la résolution du conseil de sécurité des Nations Unis, une troupe de 20,000 hommes débarquèrent en Haïti pour nettoyer le terrain, en attendant l'arrivée de l'homme fort du régime lavalassien; l'homme trompeur de la nation.

Le 15 octobre 1994, Sous les applaudissements de la majorité du peuple Haïtien qui a souffert de la répression de l'armée Haïtienne, le président Aristide a foulé le sol de l'aéroport international François Duvalier de Port-au-prince. Ce jour là apportait de la joie au cœur de la majorité du peuple. Partout dans le pays, la population criait victoire, alors que le commandant de l'armée, Raoul Cedras le Traître et ses compagnons réfléchissent sur la honte et l'échec que venait d'essuyer l'institution militaire Haïtienne. C'était Pour la première fois dans l'histoire d'Haiti, qu'un président renversé et renvoyé en exil par une armée nationale a été retourné pour continuer son mandat, escorté du président des Etats-Unis, le fameux Bill Jefferson Clinton.

Le General Raoul Cedras sortait de la porte gauche avec la honte et la désolation, alors que l'homme trompeur, l'homme fort du régime de Lavalas entrait dans la porte droite, avec la joie et sourire aux lèvres; en réalité, l'égalité a régné sur l'illégalité.

Dès son retour, Il a promis au peuple, une meilleure condition de vie et le respect de tous, sans distinction de classe; une promesse sans issue, qui allait faire apparaître son vrai état d'âme.

Le président Aristide

« L'imbécillité des hommes les rend imprudent devant la puissance du pouvoir. Ralph Waldo Emerson »

Le président Aristide qui mettait beaucoup d'espoirs au cœur des Haïtiens, a passé outre de sa mission en divisant le peuple Haïtien au détriment même de l'économie du pays.

La pauvreté a poussé les partisans du pouvoir à devenir très méchants et très agressifs, en se nommant eux-mêmes chimères. Ils furent malheureusement incapables

de déclarer leurs misères, à cause de leurs affections pour leur leader. Le mot chimère a été depuis lors, ajouté au vocabulaire de la langue haïtienne. Le dilemme de la division des classes a engendré un désordre généralisé dans le pays, ce qui fait d'Haiti, l'un des pays le plus pauvre de l'hémisphère.

Les élections de Novembre 1995

« Avant de penser à s'orienter vers la politique, il faut commencer par éliminer l'idée de guerre entre les mauvais et les hommes de bien. Walter Lippmann »

En février 1996, selon les préscrits de la constitution Haïtienne un autre président doit être sans nul doute entré au palais national. Au même moment, la campagne électorale s'était ouverte; et tous les dirigeants montaient le terrain politique pour lancer des promesses fallacieuses au peuple, dans le but de chercher la bénédiction pour accéder au palais National.

Peu après, René Prévale qui était le premier ministre du régime Lavalas à l'époque, rentrait dans la course électorale, et presque tous les Haïtiens l'ont accueilli, Parce qu'il a commencé de bons projets quand il était à la tête du cabinet ministériel en 1991.Bien entendu, il a été supporté par l'homme fort du parti, qui pouvait orienter la volonté de la masse populaire à l'époque.

Sans aucune contestation, les élections ont été organisées; le peuple a voté massivement, et le président René G. Prévale a remporté la victoire, et reçu son investiture au Palais National le 7 Février 1996 pour une période de 5 ans, selon ce que prescrit la loi mère du pays.

René prévale, homme responsable, n'a pas pris en comte les grands discoureurs tradi-tionnels Haïtiens, malgré toutes les pressions qu'ils lui ont exercées. Il fut un président visionnaire, un homme qui s'est manifesté d'un amour exceptionnel pour son pays. Il avait grand désir de reconstruire Haïti, mais malheureusement, il a été pressuré par les directives de l'ex-président Aristide qui voulait, que tous les oeuvres de progrès soient inaugurés sous sa gouvernance.

Le jeu dans le noir

« Les potentialities d'un homme au pouvoir s'obcurcissent lorsqu'il est appelé à diriger sagement" Lyman Bryson »

Aristide jouait le tout pour le tout, pour empêcher au président René Prévale, d'accomplir sa mission pour le bien-être du peuple Haïtien. Ayant à la tête de son cabinet le fameux Jacques Edouard Alexis, preval a pu se débrouiller pour créer en Haïti un climat de sécurité, et une voie ouverte

à la reconstruction de l'économie haïtienne. Jacques Ed-ouard Alexis était le meilleur premier ministre, après jn. Jacques Honorat, qu'Haïti n'ait jamais connu depuis son existence «je veux parler de Preval Alexis #1». Pour le respect de l'économie du pays, Jacques E. Alexis occupait deux grandes positions, lesquelles furent le poste de premier ministre et la défense Nationale. Jacques E. Alexis ne croyait pas tellement aux partisans de Lavalas, parce qu'ils n'ont eu aucune vision pour Haïti, que de voler et gaspiller les affaires de l'Etat, flatter ou s'agenouiller aux pieds du président Aristide, pour bénéficier des privilèges, en leur permettant de mieux jouir les richesses de l'Etat.

Tentative de réconciliation

Le régime Prévale Alexis a fait tout ce qu'il pouvait pour réconcilier le peuple Haïtien. Ils essayaient aussi de recoudre le tissu social de la société Haïtienne qui fut déchiré pièce par pièce par la division due aux désordres anarchiques. Prévale Alexis en effet, a mené des opérations stratégiques pour réparer la transmission de la machine (Haïti) pour la lancer sur la route de développement; mais ce n'était pas facile pour eux, car Aristide s'érigeait en une muraille de pierres solides pour barrer la route devant eux.

Aristide savait en effet que, s'il a laissé le président René Prévale réparer la transmission de cette machine, il deviendrait automatiquement le leader en qui le peuple Haïtien aurait placé leur confiance. Par conséquent, cette idée bienséance lui fallait bien faire perdre sa popularité. Voilà pourquoi Aristide ne voulait pas que le président Prévale ait travaillé en faveur du développement de la république d'Haïti.

Comme le président Aristide s'arrangeait pour avoir la majorité au parlement, les partis opposés n'avaient pas de voix aux chapitres, en dépit de leur frustration du gaspillage dans les administrations de l'Etat. Le gouvernement de Prévale Alexis a perdu le control du jeu politique; par conséquent, l'administration du pays fut remplie des désobligeants en effet, le Renard était la seule gagnant dans le jeu. Finalement, Aristide a bien gagné ce qu'il cherchait, c'est-à-dire, le control de tous les appareils de l'état à la satisfaction de ses intérêts insalubres.

Chapitre 5

Les élections contestées de 2000

Le vase a été renversé après l'organisation des élections de la collectivité territoriale du 21 Mai 2000. René Prévale a bien organisé les élections, mais Aristide a entrepris des astuces vicieuses bien que le peuple ait déjà voté en faveur de son parti. Il truquait les élections, pensant qu'il allait perdre sa popularité.

Le Renard accompagné de ses supporteurs communément appelés chimères, ont semé pas mal de troubles dans le pays qui ont endommagé amplement plus la transmission de cette machine considérablement que les citoyens Haïtiens pensaient qu'il allait réparer dès son arrivé au pouvoir. Le 26 Novembre 2000, les élections générales sont organisées sans la participation des leaders politiques opposés

à Lavalas. Cette attitude pourrait du moins s'expliquer soit parce qu'ils n'ont pas de popularité ou soit parce que bon nombre d'entre ces dirigeants de partis savaient déjà qu'Aristide n'aurait pu en aucune façon permettre qu'une élection libre ou démocratique soit organisée pour les accéder au pouvoir. La honte de participer seul à la compétition électorale, et la crainte du verdict de la communauté internationale, l'ex-président fasciste a obligé de négocier avec des citoyens parmi les hommes politiques non qualifiés et non reconnus, pour lui servir d'opposant à la compétition. Certains de ces faux leaders abjurés ont avancé l'idée qu'ils ne voulaient pas vraiment participer aux élections avec Aristide. Car, Aristide a concouru presque seul à la course; et on a qualifié les autres leaders de marionnette et de remblai.

Depuis lors, la classe intellectuelle protestait contre l'administration Lavalassienne et le Renard a commencé de perdre sa force et de son influence politique. Cette classe qui suivait attentivement le spectacle de la malversation du régime Lavalassien, a vitement compris et changé de stratégie pour se tourner le dos contre lui avec son système corrompu. Aristide ne coopérait pas à l'égard des gens de biens qui seraient capables de voir ses erreurs ou ses fautes. et qui soit capable également de lui conseiller sur ce qui est bien Mais plutôt, à tous ceux qui détenaient une spécialité aux mensonges, capables de s'agenouiller à ses pieds pour lui glorifier et l'adorer comme roi, ce sont ceux-là qu'il partageait ses amitiés. Tous ceux qui pouvaient lui conseiller et qui n'acceptaient pas le coeur de ses discours pour avaler yeux fermés son fromage moisit, étaient considérés comme ses ennemis les plus farouches.

Si l'on veut croire à l'exemple du premier ministre Jacques E. Alexis, il a été victime pour avoir voulu combattre la médiocrité et le vandalisme en Haïti. Il a bien voulu que les élections aient été organisées dans de bonnes conditions à fin de doter le pays d'un pouvoir équilibré des gens formés et honnêtes.

Malheureusement, il a été obligé de se laisser manœuvrer par le pilote de la machine Lavalassienne, qui se faisait passer pour le seul et bon sauveur de la

république, pour laisser le pays se diriger vers le camp marécageux où nagent et règnent la délinquance, la corruption en un mot, la "chimérisation".

La classe politique Haïtienne et la communauté internationale ont contestées les résultats de vote des élections du 21 Mai 2000. Cette attitude a provoqué un isolement du régime, sur le plan économique et diplomatique. Se sentir menacer sur le plan politique, Mr, Aristide l'homme du palais national s'arrangeait pour faire venir des mercenaires de l'international, pour garantir sa sécurité personnelle au budget de la caisse de la trésorerie publique. Pendant que nos policiers, seuls gérant de la sécurité du territoire passaient plusieurs mois, sans pouvoir recevoir même un dixième de leurs salaires. D'après ceux que disent les autres, ce budget était suffisant pour créer une force, capable de rétablir et de maintenir l'ordre, dans tous les coins du territoire national. En agissant ainsi, le président a lui-même creusé son propre trou; c'est comme quelqu'un qui, à l'intérieur de sa maison, a fermé la porte et a remis la clef de cette maison à des inconnus, qui pourraient être sans nul doute un piège pour sa personne. En référant à l'ensemble de ses discours dans le passé, qui aurait imaginé que cet Aristide allait devenir un pilleur des caisses de l'état, et un apatride sans égale ?

L'innocence du peuple Haïtien

L'innocence et l'adolescence du peuple Haïtien dans le domaine de la politique qui n'allaient jamais permettre au peuple Haïtien de croire et de comprendre que leur soit disant leader apatride, eusse été des pilleurs. L'esprit de fanatisme et de l'innocence a poussé le peuple Haïtien jusqu'à présent, à douter sur la crédibilité des leaders politiques formés en Haïti. Mais malgré tout, il se regroupait et marchait toujours après des politiciens Renards. La classe des étudiants attendait elle aussi le son d'alarme pour regagner les rues et protester contre eux, à un moment très critique de la vie politique Haïtienne.

C'est ce mouvement qui a ouvert l'espace très large aux ennemies de raffermir leurs forces pour faire renverser Aristide du pouvoir en signe d'humiliation au peuple Haïtien, le 29 Février 2004.

Cependant, pour le respect de la constitution du pays, il devrait terminer malgré tout, son mandat de 5 ans. Quelque soit le moyen qu'il a utilisé pour arriver au pouvoir, c'était quand même par la voie des élections. Les moyens dont on a toujours utilisés pour le renverser ou le chasser du pouvoir, ne correspondaient pas aux règles standard de la démocratie. Il a été toujours un président élu à la majorité absolue des voix. On aurait pu chercher des moyens diplomatiques très forts, qui lui permettraient de se résigner lui-même, au lieu de lui renverser par l'usage de la force, un système que le monde condamne et le considérant toujours comme coup d'Etat ou de force.

Depuis lors, le peuple Haïtien gigotait dans la guerre et la misère, se nourrissant de la fumée des armes que le président leur a laissée, tout en leur demandant de se mobiliser, alors que lui et sa famille, ils se réjouissent de leurs fortunes dans les pays étrangers. Quel exemple d'amour que le président a-t-il manifesté pour le peuple Haïtien ! Un amour faux et un attachement aux gangs. Celui qui éprouve de l'amour dans son coeur, est toujours sensible et toujours prêt à défendre les sans voix dans toutes les circonstances. Le renard quant à lui, ne défendait personne sinon que lui même. Il était un homme méchant qu'Haïti n'a jamais connu depuis son existence; Un soit disant défenseur d'un peuple aveugle, pour le bénéfice

de son propre intérêt. Il ne voulait pas le progrès. Si un Haïtien voudrait progresser dans une entreprise où lui ou ses partisans ne voient pas leurs bénéfices, cet homme de grandes manoeuvres a créé toute sorte de moyen pour détruire ou anéantir ce rêve et son porteur. Il était le seul

capable de tout faire. S'il n'a pas été invité à participer à un mouvement de développement, cela ne doit pas être mis en exécution; que l'initiateur et l'oeuvre soient disparus tous ensemble. Le cas de la coopération pour la promotion de la production nationale d'Haïti, dont Haïti production HP, en est bien l'exemple. Voyez une petite partie de son histoire. "Le vendredi 30 août 2002, assis paisiblement sur la galerie de sa maison accompagné de sa famille, un des criminel bien connu du régime Lavalas s'approchait du président de la CPPNH, pour lui faire savoir combien il était fort, grâce à la bénédiction du président Aristide. Comme le Dieu qui le protège est toujours présent avant même que son fils se voit en danger, il lui a doublé de forces et de pouvoir, pour répliquer avec le criminel armé de grosses armes à feu, lequel s'était obligé de rebrousser chemin, sous la pression de la population qui était présente. Ce criminel du nom de Félix bien-Aimé s'était déplacé promettant de retourner, pour incendier la maison de l'agresseur avec toute sa famille.

De la force puissante de Dieu, le victime a prophétisé sur le criminel, lui disant : c'est la dernière personne que vous attaquez pour le reste de votre vie. Avec beaucoup

de promesses et de menaces, le criminel s'est rendu gloire d'avoir commencé à tuer depuis l'arrivée du président Aristide au pouvoir en 1991.

En suite, Félix lui a fait savoir qu'il était un grand officiel dans le pays; en tant que tel, il pouvait arrêter, maltraiter et tuer à sa volonté, n'importe qui, et personne ne pouvait oser lui dire quoi que ce soit. Etant un bon supporteur du

régime, ce criminel, bras droit du président de la république d'Haïti, a été l'un des gardiens fidèle bien connu du régime. On l'appelait Féfé; la justice Haïtienne même, avait du mal a toucher Féfé, parce qu'il était attaché au pouvoir Lavalas. Il était alors considéré comme l'un des plus puissants chefs des princes (les gangs), dans le palais royal."

Les principaux fidèles détenteurs du pouvoir du président très fameux étaient : Félix Bien-aimé (alias fefe) Ronald Camille (alias ronal Cadavre), labanière et djed Wilmé, pour ne citer que ceux-là. Quant aux gens de bien à leur tour, ils étaient considérés comme les principaux ennemis du régime. Le président a utilisé les uns pour tuer les autres, alors qu'il leur était tous réservé le même sort.

Comment un président d'un pays pouvait-il se sentir plus à l'aise pour se mettre au coté des bandits que de celui des gens de biens, dignes et honnêtes?... Dis-moi ce que tu fréquentes je te dirai ce que tu hantes disait l'autre.

En réalité, Pour trouver un emploi sous le gouvernement de ce grand chef d'état et politicien trompeur, on avait besoin d'être revêtu de certaines qualités telles que:

Etre un bon Flatteur.

Avoir une philosophie de mensonge. Etre un tueur désintéressé.

Être expérimenté dans le domaine de la brûlure des pneus ou le "père Lebrun".

Être expérimenté dans le vol d'une façon générale. Quant à celui qui occupait déjà une position, s'il veut la garder, qu'il se laisse traverser par le courant lavalassien, se fermant les yeux et se laisser conduire aveuglement, par le prétendu bon berger apatride jn. B. Aristide (Fameux président d'Haïti).

Garder Haïti dans la division et l'isolation était le plus grand plaisir et le désir de ce leader. Par la manifestation de sa violence, on peut se voir appeler à n'importe quel moment, au palais national et s'embaucher dans n'importe quelle position désirée, n'en déplaise à la formation académique ou technique que requière la position. Automatiquement on est alors appelé à devenir, membre de la force

ou de la compagnie de violence Lavalassienne, où l'on peut trouver des professeurs chevronnés, capables de se façonner et s'adapter à la méthode de l'utilisation des armes, pour la consolidation du pouvoir lavalassien, tel que le leader l'avait planifié.

Négligence et égoïsme du leader trompeur.

Président Aristide, n'était pas toujours prêt à donner la main aux gens de biens dans les affaires politiques. Il se servait des gens mal honnêtes, lesquels qu'il pouvait manœuvrer à ses propres fins politiques, et ceux qui n'ont rien à voir à la question de progrès du pays. Ce système de vagabondage détruit notre bon pays, ce qui fait qu'aujourd'hui, Haïti aurait à prendre considérablement de temps avant de sortir de ce trou sans fond dans

lequel elle se trouve. Le malheureux peuple Haïtien pensait qu'Aristide eût été un sauveur tombé du ciel, capable d'apporter une solution miraculeuse, pour décoler Haïti de la boue. Cependant le résultat du travail de ce trompeur

rédempteur a été la destruction de l'économie du pays. Personne ne pourrait dire combien de temps encore Haïti doit rester dans ce trouble ou du moins, qui serait capable de porter une bonne solution à la situation désespérée de ce pays, sinon l'unification incontestable des Haïtiens?

Ce système eut à provoquer le manque de respect chez les autres nations pour le peuple Haïtien. Elles ne paient pas également trop grande attention à ce peuple. A cause de notre manque d'expériences politiques, toutes les autres nations pensaient que le peuple Haïtien ne pesait rien dans la balance technique mondiale. Tout cela, c'est à cause de l'irresponsabilité de nos leaders Haïtiens.

C'était une courte histoire de notre pays de 1804 à nos jours, bien qu'elle ne soit pas trop bien détaillée.

Chapitre 6

Haïti face au concept de développement

« La différence entre les démocrates et les républicains est que les démocrates permettent au pauvres de prendre le goût de la corruption. Oscar Levant »

Systématiquement, le développement d'Haïti a retardé parce que l'agriculture qui

Est l'un des domaines les plus importants, constituant la base de technique est négligée. L'agronomie que les dirigeants de partout dans le monde considèrent comme l'un des facteurs incontournables, pour lever l'économie de n'importe quel pays et même ceux qui sont en voie de

Développement, se trouve sans aucune importance en Haïti. On a construit anarchiquement dans presque tous les espaces cultivables de notre relief. Que dirait-on de nos plaines dans le sud et dans le nord qu'on a récemment déclarées zone franche? Ces mesures continuent a causé à foison de tort au développement du pays. De telles erreurs ont entraîné une centralisation aiguë dans la région. Parce que, les habitants ont quitté les villes de province pour se réfugier à la capitale Port-au-Prince, ils oublient leur profession de travailler la terre. On Peut se demander, qui est-ce qui va prendre la relève de la culture en

Haïti? N'existe-il pas de technologie pour irriguer les terres déjà cultivées? Que faire des habitants pour permettre aux plantes de grandir et de produire des grains fondamentaux? Cette technologie d'avoir des gens ayant une intelligence éprouvée et des moyens stratégiques est formellement re-commandée pour éliminer la médiocrité. L'heure n'est plus à la machette et à la houe, qui sont encore des instruments rudimentaires, mais à la technologie.

L'émigration, une perte due à l'irresponsabilité

Pour remédier à ces problèmes, nous savons du moins comment trouver la solution. Chaque année, nous avons une quantité de techniciens diplômés à la faculté d'agronomie qui passent presque toute leur vie, à dispenser des cours de physiologie ou de biologie dans des écoles secondaires, ou paramédicales. Pourquoi ne pas les embaucher dans le champ de l'agriculture ? Ils savent mieux que tout autre,

qu'il n'y a pas de terre qui ne peut pas produire. Ils devraient en effet, s'adonner à faire des recherches, en vue de trouver une technologie capable d'augmenter la capacité reproductive de notre terre.

Si l'on voulait faire une étude ou mener une enquête sur la profession d'agronome en Haïti, on aurait trouvé que

99% sont embauchés par des organisations non gouvernementales (ONG), notamment, la USAID, la CECI et la PADF, trois organismes internationaux bien connus. Ils ont fait des études de nos sols, et ils connaissent le secret. Rassurez-vous chers lecteurs que notre état n'en a pas le moindre; S'il l'en a, cette connaissance a été cachetée sous les plis d'un document scellé à l'intérieur des tiroirs d'un ministère quelconque; si toutefois, il n'a pas été incendié sous les flammes des militants des gouvernements. On peut du moins comprendre maintenant, pourquoi les pays internationaux veulent que la majorité des aides octroyées à Haïti soient passés par les organisations non gouvernementales, lesquelles savaient déjà quel type de

petits projets est encouragé et méritent d'être financés,

dans telle ou telle zone.

On parle maintenant de globalisation. Les grands pays producteurs cherchent à renforcer la capacité de leur production alimentaire ou autre. Nous autres Haïtien, nous ne faisons aucun cas de notre production, alors que nous

voulons à tout prix rentrer malgré nous, dans le système du marché. Quel sera notre produit de compétition ? On serait en tout cas heureux d'entendre la réponse par les responsables de la déstiné de notre chère republique. En un mot, nous Haïtien, nous ne prenons pas notre responsabilité envers notre pays. C'est l'un des facteurs qui entrave le plus à notre développement. Chacun se dit que la détérioration d'Haiti n'est pas leur affaire. Nous agissons comme si nous n'avons aucune sensibilité pour notre pays, et nous n'avons jamais travaillé en faveur de son économie. Nous attendons ou demandons toujours aux autres de venir nous aider à résoudre nos problèmes, alors que pour répéter certains des ambassadeurs des États-Unis en Haïti,"il revient aux Haïtiens de reconnaître leurs problèmes et prendre leurs responsabilités envers leur pays". Ils ont raison, car nous sommes une nation intelligente mais très négligeant.

De tous ceux que nous restent à imiter, pourquoi n'avons nous jamais pris le temps de penser, un tout petit moment, à ce que faisaient des hommes tels que : Dr François Duvalier, Henry Christophe, Fidel Castro, Jimmy carter et Hugo Chavez, pour ne citer que ceux-là ; n'en déplaise à tout

ce qu'on pourrait leur reprocher dans la gestion de leurs politiques internationales, tester leur idée pour chercher un résultât définitif à nos problèmes du sous-développement. Haïti, la jeunesse et les pays accusés

On dit que la jeunesse est la base de toute société.

L'orientation de la jeunesse Haïtienne quant à elle représente un danger pour Haïti, parce qu'il n'y a personne qui manifeste une réelle volonté de s'occuper des jeunes. Dans tous les coins de la capitale Haïtienne, on a pu remarquer des jeunes filles et des jeunes garçons de tout age logés sous les galeries des magasins, non seulement à la capitale, mais aussi partout ailleurs dans les autres villes de province.

Il n'y avait jamais un gouvernement qui essayait de construire et d'appliquer un programme permettant d'encadrer ces jeunes, les éduquer, les préparer et les mettre au service de la nation. Quand ces jeunes deviennent adultes, ils se transformeront en ennemis farouches pour le pays, au lieu d'être des outils de développement pour leur patrie. Malheureusement, les potentiels du pouvoir Haïtien ont toujours envoyé leurs enfants étudier à l'étranger, alors que ceux de la masse sont appelés à s'entraîner par des doctrines politiques inspirant la conquête fictive du pouvoir au bénéfice de leurs poches. La démagogie, la division et la mauvaise administration des dirigeants Haïtiens mal

adroits, ont toujours empêché Haïti de prendre le chemin de développement. Voilà pourquoi, on prend toujours comme responsable de notre malheur, tantôt la

France, tantôt les Etats-Unis d'Amérique

Néanmoins, si l'on n'a pas de trou dans la mémoire, avec des yeux bien ouverts, on pourrait constater que presque tous les pilleurs de la caisse de l'état d'Haiti, après leurs exactions ont pris refuge dans le territoire de l'un de ces deux puissances, dont ils considéraient comme les principaux adversaires du progrès économique de la république d'Haiti; en témoignent Jn C. Duvalier, Jean B. Aristide #1 et d'autres qui ne sont pas reçus de ces deux puissances pour trop de malversations pour ne citer que ceux-là. A la conquête du pouvoir, ils faisaient de fausses promesses au peuple innocent; une fois qu'ils ont accédé au pouvoir, et que par épreuve de leurs incompétences, ils sont incapables d'honorer les promesses ou de satisfaire les revendications populaires, ils cherchaient à dresser le peuple pour cultiver de la haine contre ceux-là même, qui malgré tout, se montraient toujours prêts à venir à leur secours.

Si les puissances notamment les Etats-Unis ne veulent pas réellement voir Haïti se développer, pourquoi le département de ses trésors débloquait-il d'importantes sommes d'argent pour tous les gouvernements constitutionnels ? Et même quand un gouvernement n'est pas légal, pourquoi les Etats-Unis ou autres, utilisaient-ils la voie des organisations non gouvernementales pour aider la population, même que ces organisations n'ont pas réalisé le travail qui devait développer Haïti ? Réfléchissez un moment mes chers lecteurs, n'oubliez pas toujours d'une façon diplomatique, car celui qui à ses yeux fermés diplomatiquement n'arrive jamais à comprendre les séquelles composantes les stratégies mondiales!

La diplomatie est la faculté de l'intelligence. De même que La politique est une science de haute technologie, il faut avoir de l'intelligence pour en comprendre. Si les dirigeants d'un pays ne veulent pas respecter ses lois qui sont la faculté maîtresse qui lui permet de travailler pour le bonheur et le progrès de son peuple, comment celui-là ne serait-il pas toujours placé au milieu du calendrier de la honte et de la misère? On comprend bien pourquoi dans le livre de la sagesse, le sage a déclaré que, la justice élève une nation; mais le péché, la méchanceté, en somme l'injustice, est la honte des peuples.

Appel à la vigilance

Haïti restera dans le même point si les Haïtiens ne prennent pas leurs responsabilités envers cette portion de terre. En effet, nous n'avons pas besoin de penser que les autres Nations vont prendre soin de nous, après qu'Haïti ait fini de se dépérir. Nos dirigeants Haïtiens ont fermé leurs yeux sur l'ensemble des problèmes de leur pays, en pensant pour leur bien-être, abandonnant Haïti à elle-même, sachant que les autres pays vont leur héberger pour toujours;n'ont-

ils pas leurs propres problèmes à résoudre? Si Haïti est malade aujourd'hui, sa maladie doit être reflétée sur le visage de tous les Haïtiens quelque soit son milieu, sa classe sociale ou ses appartenances. Haïtiens mes frères, l'heure est à la lumière. Ouvrons donc nos yeux pour voir et reconnaître nos véritables ennemis, surtout ceux qui font tourner en place le moteur de notre machine. Finir donc avec les discussions et les discours oisifs, accordant aux uns comme aux autres un qualificatif quelconque, alors que nous sommes tous des frères. De tous les gouvernants ou dirigeants de la république d'Haïti, de 1804 à nos jours, il n'a jamais été question d'Américain ou de Français si non que des Haïtiens natifs natals.

Haïtien mes frères, cessons donc de penser négativement ce qui est positive, et positivement ce qui est négative. Lorsque même il y aurait de la négativité au milieu de la positivité vice versa, quelque soit sa position, il faut avoir le courage pour dire ce qu'il y a de bien ou de mauvais, et essayer de voir dans quelle mesure, on peut a partir du bien, éviter le mauvais ou bien à partir du mauvais, partir

- la conquête du bien être de la patrie commune. L'amour doit être au premier plan dans notre cœur, pour nous aider
- chasser la haine ou la rancune qui est un cancer pour le développement de notre pays. Là où règne la division la misère domine mais, là où règnent l'amour le respect et l'unité prédominent le progrès et la réussite.

Haïtiens, essayons de repenser notre conception vis de la politique des Etats puissances, à fin de mieux nous aider à guérir le virus du sous développement de chez nous. Pour répéter, la politique est la faculté de haute technologie et la diplomatie est la celle de l'intelligence; il revient à nous de prendre la destinée de notre pays. Il n'est pas à personne sinon aux Haïtiens. Les héros de l'indépendance ne sont plus, mais les puissances demeureront toujours.

Nul n'est sans savoir que les Etats-Unis est un pays de refuge pour toute l'humanité. Le gouvernement de ce pays doit être fort, doté de grande ou de forte diplomatie pour maintenir ses relations internationales. Ils ont ses propres ambitions et ses propres visions du monde; il revient aux autres pays de s'arranger sur leurs plans interne et externe, pour jouer le jeu selon les règles, et de bien traiter avec eux, à fin de trouver ce qui convient le mieux au développement de leurs terres. Il ne faut pas que nous nous laissions manipuler par des bluffeurs qui nous invitent à couper les droigts de ceux qui nous donnent à manger. Ouvrons donc nos yeux, arrêtons nous donc de dormir et réveillons nous pour dire non à ces cailloux de divisions, que nos leaders veulent nous faire avaler pour garder Haïti toujours sur la route de non retour. Qu'ils changent de préférence leur politique intérieur et extérieur, à fin d'apporter un change-ment réel au bénéfice du peuple Haïtien, au lieu de semer la semence de la haine inutile. Il serait absurde de prendre les puissances comme les principaux ennemis de notre développement ; dans le cas contraire; pourquoi beaucoup d'entre ceux qui s'y résident y travaillent sans penser à s'y tourner le dos ?

Haïti ne peut pas prendre seul ce long chemin, elle a besoin de bras. Personne d'autre ne va pas pouvoir tendre la main

- Haïti, sans le consentement des Etats-Unis d'Amérique parce qu'il a des intérêts considérables dans cette terre abandonnée. Les Etats Unis ne va pas laisser Haïti prendre n'importe quelle direction parce que C'est donc une force économique incontournable. Les Etats Unis représentent à cette ère, l'unique chemin par lequel, on doit passer pour contacter les autres pays et developper notre espace géographique. Pour se faire, des patriotes, bons diplomates s'avèrent donc indispensables. Si en fait, nos leaders savaient comment jouer le jeu politique et bien traiter avec les Etats-Unis, le peuple Haïtien serait bien fier et heureux de voir Haïti leur pays, partager le même continent que ce grand pays qui est la première puissance de l'ère.

Il est important et même indispensable de faire savoir aux haïtiens, qu'à l'ère actuelle, quelque soit la volonté manifestée par un pays, autre puissance ou pas, pour aider Haïti sortir de son état, sans la bénédiction franche des Etats-Unis, les démarches seront vaines et la volonté sera morte. En témoignent les différents discours des diplomates américains. USA a beaucoup d'intérêts en Haïti, il ne va pas tolérer ou laisser le pays prendre n'importe quelle direction. A la vérité, on peut vérifier et croire à ce qu'il a dit. Cette puissance est la mieux installée en Haïti; il a contribué à plus de 80% dans tout ce qui à rapport à l'amélioration de la situation du peuple Haïtien. De tous les reproches qu'on pourrait leur octroyer, on devrait se demander sans eux, quel serait l'état ou la situation de la république d'Haiti? Qu'on le veuille ou non, il représente ce que le sang est pour le coeur dans la structure perplexe de l'être humain. Les Etats-Unis est la seule grande puissance de l'Amerique.

Haïti étant une partie de l'Amérique, pour répéter l'autre : l'Amerique aux américains, les Haïtiens devraient être fiers d'être en bonne relation avec sa puissance. Et pour avoir sacrifié ses fils pour aider cette puissance à conquérir son indépendance, Haïti aurait dû être aidée dans la lutte pour la protection de sa souveraineté et la maintenance d'un état de vie standard, comme étant pays libre et indépendant.

Tous les Américains ont participé activement dans le développement de leur pays. Le gouvernement a travaillé en leur faveur, tout en créant des lois pour sécuriser leurs vies et leurs biens; ce qui fait croître leur amour pour leur pays. Ne pourrions-nous pas en faire de même ? Le gouvernement Haïtien doit créer des conditions fiables pour que les Haïtiens puissent investir eux-mêmes dans le pays; garantir et renforcer la sécurité de tous, et porter les haïtiens à aimer leur pays, comme les autres nations le font. La rancune est une maladie chronique qui empêche un pays de se mouvoir. Nous devons nous en débarrasser pour accorder une chance au développement de notre terre "Haïti Thomas".

Haïtien, nous avons besoin de bien réfléchir pour bien identifier nos réels ennemis. Il est difficile de croire que nos principaux ennemis sont à l'extérieur en ce qui a trait aux puissances, bien qu'ils existent; nous avons aussi des ennemis internes qui sont profusément plus puissants que les autres. Notre conception de haïr nos siens, notre aptitude à la rancune et à la copie des mauvaises pratiques, notre esprit de méchanceté, constitue autant d'ennemis considérablement plus puissants que les puissances accusées, sujets de nos inculpations quotidiennes. N'aurions-nous pas besoin de renaître pour construire un nouveau et un bon pays ?

Tant que notre esprit ou nos yeux ne soient pas clairs, il nous serait difficile de sortir de ce trou où nous sommes. Il aurait fallu que nous nous éliminions cette licence délivrée à la corruption et l'incompétence, par le son de cloche démocratique du 7 février 1986. Elle ne nous apporta que plus de misère, d'égoïsme, de honte et de mépris aux yeux du monde international. Si nous voulons voir Haïti

se développer, nous devrions tourner notre page vers un autre mode de vie et de fonctionnement. L'ambition personnelle, l'extravagance futile,

la passion d'acquisition de gains sordides, en somme l'immoralité et la criminalité sont jadis, autant de facteurs qui entravent à l'évolution de l'économie Haïtienne; il faudrait par tous les moyens s'en débarrasser.

Chapitre 7

Haïti, une Richesse Cachée

« Tout homme presque est capable de résister à l'adversité, mais si vous voulez tester l'honnêteté d'un homme, confiez lui un pouvoir. Abraham Lincoln »

Quelle est la résolution utile et pressante qu'on devrait prendre pour développer Haïti ?

Pour développer Haïti, nous avons besoin d'opérer de grands changements dans notre mentalité, notre comportement et notre conception. Il faut commencer par éliminer d'abord :

a- L'égoïsme b-Le racisme

c-La tendance au pillagerie d-La haine.

e-La délinquance

f-L'imoralité et l'impunité, pour ne citer que ceux-là

Il faut les éliminer et les remplacer par :

A-Le respect des lois du pays

B L'esprit d'équipe

c-Le Respect des biens et des vies humaines

d-La conscience

e-La sécurité f-La moralité

g-La justice, pour ne citer que ceux-la.

Mes dames et messiers, on vous invite à vous tenir prêt à lire et comprendre ce qu'on vient d'écrit sur Haïti chérie notre terre, pour qu'elle puisse être développée. Depuis longtemps on avait un système de magistrature dans le pays; il n'a jamais apporté aucun mécanisme nouvel, pour métamorphoser le catalogue du tissu national, voir inventé une autre méthode capable de décomposer le présent tissu, pour venir avec une nouvelle composante qui soit apte à apporter une autre couleur abondamment plus florissante, pour l'embellissement de l'effigie de notre belle Haïti. La raison est simple; nos maires qui constituent le titre des

Premiers citoyens des villes de notre république, n'ont pour la plus part, aucune formation technique, souvent même intellectuelle, pour occuper une prestigieuse position, comme magistrat communal; ce que les américains appellent « mayor » dans leur langage. Si le système de la mairie ne peut pas porter du fruit, pourquoi ne pas revenir avec le système de gouverneur départemental comme font les américains, tout en essayant de copier sur leurs structures? Doter ce gouverneur départemental du pouvoir de travailler au développement du département qu'il dirige?

Pensons ensemble : Haïti possède 10 départements qui représentent 10 moteurs économiques différents. Parmi ces moteurs économiques, il y en a qui gaspillent à satiété des ressources importantes du pays. La cause c'est que personne n'a jamais pensé à créer un système, pour permettre à chaque département de bénéficier un nouveau plan de développement, pour le progrès et le succès de chaque habitant. Et garantir les résidents de ces départements une vie confortable, avec la possibilité de rester chez eux et de gagner tout ce dont ils auraient besoin dans leurs localités. Ce travail demande beaucoup de réflexions. Il a besoin d'une tête bien faite et d'un esprit bien disposé. De même que tous les leaders du monde cherchent aujourd'hui à concurrencer les autres, Haïti pourrait du moins en faire autant; car la terre d'Haiti est classée parmi les terres les plus fertiles de la planète. Ce sont la volonté et les moyens d'exploitation qui nous manquent.

L'importance de la séparation du pouvoir Politique : un conflit d'intérêt déguisé en une lutte pour l'application des principes. La conduite des affaires publiques au profit des avantages particuliers. Ambroise Bierce »

Essayons de conscientiser un peu tous les haïtiens pour les attirer sur l'importance du développement de leur patrie. Le Pouvoir est la faculté que l'homme a copieusement admi-rée. Pour chaque département, on aurait besoin des gens ayant des connaissances techniques, un esprit ouvert sur le développement, pour être à la tête de chaque département. Celui là devrait avoir de bonne vision, pour travailler au développement de son département, tout en cherchant la collaboration et la participation de tous les éléments progressistes, quelque soit son origine, selon les normes de la constitution. Ces gens doivent râper et même importer toutes les techniques obligatoires à la progression de son espace.

Dans le but de rendre ce travail efficace, le parlement Haïtien devrait créer des lois définissant le mandat de chaque gouverneur ou leader départemental, pour les permettre de remettre un bon travail, pour le bien être de la population qui s'y vit. Le parlement devrait également leur permettre de briguer un mandat successif, au cas où leur travail serait jugé efficace par la population et les officiels du pays en particulier. Ces gouverneurs départementaux doivent être nommés par le parlement Haïtien et un audite devrait se faire sur l'ensemble de leurs biens avant d'entrer en fonction et à la fin de leur mandat, pour éviter le gaspillage de la richesse de l'Etat. En cas de malversation, le présumé coupable doit être déféré par devant le tribunal de la haute cour de justice, pour les suites

nécessaires, selon les prescrits de la loi.

La structure des partis politiques et l'assistance aux techniciens agricoles

Le parlement doit travailler sur la quantité de parti politique qui devrait fonctionner dans le pays et leur structure. Vu la modalité que la loi prévoira, un parti politique doit être un outil de développement pour Haïti, non pas ce du désordre et de la division. Un parti politique doit être dirigé par des hommes qualifiés, responsables, ayant une certaine expérience et connaissance approfondies dans la vie politique et les lois de la république. S'inspirant des lois sur le fonctionnement des partis politiques, chaque gouverneur départemental devrait être membre d'un parti politique, en vu de valoriser les élections qui dérouleront dans le pays. Et pour s'asseoir au fauteuil présidentiel, ils devraient avoir un bon passé dans le calendrier des gouverneurs départementaux. Le nouveau président, vainqueur des élections saura par expérience comment travailler pour le progrès de la république en Général. Par contre, sa tâche lui sera moins difficile. Ce moyen permettra à chaque gouverneur de penser à remettre un travail parfait, parce qu'ils ont beaucoup à faire pour occuper la noble fonction présidentielle.

Pour rendre réalisable ce projet, le gouvernement dans son pouvoir, emploiera des gens bien formés aux postes de superviseurs départementaux. Ces gens devraient être honnêtes et respectueux. Ils doivent remplir convenablement leurs fonctions, sans émouvoir les gouverneurs dans l'exercice de leurs fonctions. Le travail de ces superviseurs est de fournir au pouvoir central, des informations sur les départements. Cela permettra au gouvernement de mieux contrôler le pays, au point de vue administrative pour l'accroissement de l'économie du pays. Quel sera le pre-mier plan de travail de chaque gouverneur? Le grand plan de travail de chaque gouverneur devrait prioriser le développement de l'agriculture; car Haïti est un pays essentiellement agricole. Dans ce contexte, le gouverneur de chaque département devrait prendre des dispositions pour avoir des techniciens bien adaptés, ayant la capacité d'exploiter les ressources de son département. On serait alors étonné de voir avec quel engouement les techniciens de partout viendront offrir et mettre leurs connaissances au service de leur pays.

En utilisant cette stratégie, les gouverneurs départementaux entreront en compétition entre eux en donnant abondamment plus de garanties aux nouveaux techniciens une fois sortis de leurs facultés; et ils vont vraiment se sentir importants pour le pays. Ils seront en d'autre terme, fiers de travailler pour n'importe quel département dans le pays, et l'idée de quitter Haïti pour se rendre à l'étranger sera bannie de leur mémoire. Le peuple pour sa part, fera le va et vient à travers tout le pays, pour explorer les départements, en vue de chercher la position idéale pour habiter, tel que cela se fait dans tous les autres pays développés. Voila comment, l'industrie touristique locale peut reformer pour recolorer le tissu national. Si par contre, le sol d'un département ne peut pas produire, le gouverneur accompagné de ses techniciens, doivent chercher à déterminer la cause réelle du problème et d'en apporter une solution durable. La terre Haïtienne est parmi les meilleures terres productives de la région, nous devons prendre soin d'elle et la rendre plus productive pour relancer l'économie de la république.

Ce système de gouverneur est la meilleure stratégie, qui permettra à Haïti de devenir le grenier de tout les pays qui ne peuvent pas produire. En effet, Haïti sera l'un des pays le plus riche du monde; et c'est alors que les autres nattions auront cessé d'humilier les Haïtiens. Le devoir le plus important du pouvoir central, est de réunir les experts du pays pour travailler sur un plan qui pourrait combiner tout le pays, en préparant un réseau dans le département central, où tous les autres départements se connecteront pour stimuler le gouvernement à prendre le contrôle de tous les 10 départements.

Ces genres de manoeuvres faciliteront la création d'emploi pour tous les professionnels. Si toutes ces lois seraient respectées, on reconnaîtra et honorera la valeur des Haïtiens à travers le monde.

En ce qui à trait au système de gouvernement prévu ci-dessus, Chaque département devrait se connecter au réseau central qui forcera les gouverneurs à marcher selon le standard du département, et remettre un bon travail au profit de la population cela va esquiver la corruption au niveau fédéral.

Les dirigeants Haïtiens ont toujours dit qu'il n'y a pas assez de fonds pour réaliser ceci ou cela. Ces leaders devraient reconnaître, que l'argent ne vient jamais comme la pluie venant du ciel; Il faut donc le chercher. Deuxièmement,

il faut bien préparer et sélectionner les projets en fonction des besoins de l'ère. Personne ne va pas nous donner et même nous prêter son argent, s'il n'est pas sûr de nos projets. C'est la finalité de nos projets qui va intéresser les autres à investir. Avant de partir à la recherche de l'argent, les experts du pays devraient être réunis, pour statuer sur la fiabilité du projet pour le développement d'Haïti. Les responsables devraient cesser de solliciter des prêts en liquides, mais plutôt des matériels et des techniciens capables d'entraîner nos professionnels dans la fabrication de nos propres objets, pouvant nous aider à nous lancer sur le marcher mondial.

Pour le faire, nous avons besoin d'un peu de bonne volonté. Oublions nous même un moment, et concentrons nous sur le développement de notre pays parce qu'aujourd'hui, nous sommes vraiment vilains aux yeux du monde, et les autres nations ont trop rit de nous. Ils nous regardent comme des vaux rien, et pourtant nous sommes une nation prestigieuse, très intelligente, de grande valeur qui peut et qui sait bien travailler. Cependant, nous avons manqué d'un peu de la cohésion dans nos actions. Aujourd'hui, c'est le temps de brûler la toile de la division, pour entrer directement dans la réflexion sur nos besoins essentiels, qui sont des problèmes importants à résoudre.

Après que chaque gouverneur ait fini de penser ensemble avec leurs équipes de travail sur la technologie nécessaire pour développer leur département, on devrait préparer un gros livre, avec le résultat de la réunion pour en mettre à l'archive du département central qui servira de répertoire pour tous les futures gouverneurs. Ce livre devrait porter le nom du gouverneur qui a réalisé le premier travail.

Pour la question d'électricité qui est le sang ou le moteur du développement, le gouverneur de chaque département consultera des experts, pour calculer le nombre de mégawatts d'électricité qui peut servir le département en termes d'énergie. Un projet doit être élaboré, ensemble avec le gouvernement central; le gouverneur signera un contrat avec des pays amis pour venir y installer un système qui soit capable d'utiliser l'énergie solaire, pour électrifier le département tout entier. Ce même projet devrait prévoir des formations pour les cadres, qui travaillent dans le système, à fin d'éviter du dommage dans les travaux effectués par les techniciens internationaux.

Mes chers amis, ce n'est pas un simple rêve, c'est aussi une réalité. Tous les outils sont là pour developper Haïti; mais tous les Haïtiens ne sont pas encore disposés à les utiliser. L'application de ces mesures permettra à notre pays de prendre le rail de développement spectaculaire. Comme resultat, Les citoyens haïtiens se sentiront à l'aise de rester chez eux, pour travailler, mettre ses connaissances au service de leur pays et l'embellir comme font les autres qui nous humilient aujourd'hui. Haïti chérie, même quand tu parais laide et déchirée, même quand la division et les mauvaises gestions te mettent en coma, même quand les salles manœuvres des politiciens te font apparaître comme un désert, il reste encore de vrais Haïtiens qui t'aiment et cherchent des moyens pour te revitaliser. Chère mère ne perd pas l'espoir! L'efficacité du développement d'Haïti

Pour rendre efficace et durable le développement d'Haiti, nous devons valoriser notre langage créole comme un outil de développement, parce qu'il est plus facile pour le peuple Haïtien de communiquer, plutôt que n'importe quelle langage étrangèr; de la même façon que les grands leaders des autres pays ont utilisé le langage de leur peuple pour faire le développement et le commerce. Cela ne veut pas dire qu'on devrait négliger la langue française.

Elle pourrait être enseignée dans nos institutions scolaires, comme une langue secondaire, mais pas comme outil de développement de notre si bel Haïti.

Le langage créole n'a pas assez de mots certes, mais nous devons être intelligents. De la même façon que les Améri-cains empruntent des mots des autres langages pour com-pléter le langage anglais, nous pourrions faire de même.

Nous pourrions emprunter des mots aussi de l'autre langage pour enrichir le vocabulaire créole, afin de le permettre de servir comme un outil pour le développement d'Haïti. La langue française est une langue controversée qui crée à foison de divisions au milieu de la communauté Haïtienne, parce que beaucoup d'Haïtiens se sentent embarrassés quand ils arrivent par exemple, dans une institution du pays où presque tous les employés ne parlent que français. Cette méthode a créée un esprit de peur chez beaucoup d'Haïtiens, surtout ceux qui viennent de la province et qui ne sont pas capable de s'exprimer convenablement. Comment comprenez-vous que quatre-vingt pour cent de la population d'un pays est analphabète, alors que dans les institutions de ce pays c'est le français qui prédomine ? Cessons de dire que le langage créole n'est pas commercial. Aucune langue n'a été commerciale dans leur origine, mais qu'à la potentialité des citoyens qui portent ce langage sur le marché mondial le rendent valide.

Quand un pays commence par Créer des activités, et utiliser de nouvelles technologies pour faire avancer son économie, les autres Nations seront obligées d'apprendre son langage pour faciliter leurs entrées sur son marché. Voilà pourquoi nous avons besoin de valoriser notre langage créole. Sommes nous prêts pour commencer ? On y va. Quoiqu'on ait humilié les Haïtiens à travers le monde, on les reconnaît quand même entant qu'une grande Nation. Pourquoi nous sommes grands, et refusons-nous de ramasser notre carac-tère de grandeur? Pourquoi on nous reconnaît comme une grande nation, alors que nous nous cachons par derrière le mur du sous développement, pour empêcher les autres Nations de voir nos valeurs? Pourquoi quand nous entrons dans un pays on a tendance à nous traîner sous ses pieds? C'est parce que nous sommes une grande Nation, un grand peuple qui a négligé sa fierté en se faisant déshonorer lui-même; nous donnons au monde l'impression que nous sommes rien par nos actes barbares commis à leurs yeux.

Toutes les autres Nations connaissaient déjà que le peuple Haïtien est très intelligent, un peuple qui sait opérer des miracles aux yeux du monde. Car, nous avons fait l'histoire en luttant contre nos oppresseurs pour s'en débarrasser. Après notre victoire des puissances coloniales nous aidons beaucoup d'autres pays à se débarrasser de leurs oppresseur également; ce qui nous a mis au rang de premier peuple noir libre et indépendant du monde.

Si on prend comme exemple; le général Capois La mort devant la flotte de l'armée française en 1803, le jeune Sadrack dans la localité de St Marc situé dans le département de l'Artibonite qui a fabriqué un air plane sans aucun entraînement et qui n'a jamais auparavant vu un appareil si sophistiqué. Que dirait-on de Dessalines, Christophe deux esclaves qui ont pu dresser un groupe d'hommes pour résister à l'armée expéditionnaire de Napoléon Bonaparte ? Que dirait-on d'autre encore à cité soleil par exemple où des jeunes Haïtiens ont fabriqué de grosses armes créoles. C'est de l'intelligence Si Haïti avait de bons représentants qui voulaient utiliser la technologie nationale pour développer le pays, le peuple Haïtien avec son intelligence pourrait faire de grands exploits dans de domaine considerable. Haïtien, Pourquoi nous ne voulons pas mettre notre connaissance au service de notre pays, pour que les autres puissent cesser de nous rire et de prendre plaisir de notre misère ? Haïti a besoin aujourd'hui de grand service de ses fils et de ses filles, soyez près rêveurs, pour répondre à l'appel du futur.

Nous devons nous mettre ensemble pour sortir Haïti de ce profond trou de destruction où elle se trouve depuis son indépendance. Dépêchons nous Haïtiens, Haïti est en danger, soyons prêts pour oublier notre antagonisme et nous réunir autour d'une même table non pas comme enemie, mais pour prendre de nouvelles décisions en vue de sauver notre belle Haïti chérie. Nous pourrions faire de grandes choses, mais il nous manque seulement la volonté de travailler ensemble pour embellir Haïti, comme une jeune fille qui se prépare pour sa fiancée. Nous devons aujourd'hui, lever le défit qui est devant nous, celui du sous développement qui décolle pièce par pièce l'économie de notre belle Haïti chérie. Il y a longtemps que les autres nations s'assayent paisiblement pour regarder ce que nous faisons de ce beau pays qui va à la mer à chaque fois qu'il pleut. Est ce que ces eaux de pluie qui ravagent notre sol ne pourraient-elles pas servir pour l'arroser dans les périodes de la sécheresse? bien sur, les gouverneurs départementaux avec leurs technologies doivent utiliser ces eaux de pluie pour arroser les jardins quand il cesse de pleuvoir au lieu de les laisser aller directement dans la terre, en portant ses substances à la mer.

Proprement dit, Haïti est une île entourée d'eau de tous les cotées.

En Haïti, n'importe où l'on creuserait, on verrait monter de l'eau en abondance, mais pourquoi Haïti ne peut pas produire pour nourrir ses habitants et expédier les denrées vers les autres terres non cultivables? Pensons un petit peu sur cette question. Haïtiens, prenons notre responsabilité envers Haïti notre pays, pour l'empêcher de périr.

Quand Haïti disparaîtra, où irons nous habiter ? Pensez vous que les autres nations iront nous accueillir chez eux? Si depuis aujourd'hui certaines d'entre elles ont commencé à nous rendre la vie difficile, demain

Ce sera plus triste. Personne ne pourra rien faire pour nous à cette heure de tristesse, seuls les Haïtiens sont capables de prendre la destinée de leur pays pour le conduire vers le bon port et éviter le pire.

Nous ne devons pas condamner personne ; nous sommes tous coupables, car Haïti appartient aux Haïtiens. Eliminons donc nos sentiments de vengeance, notre voeu de haïr sien et embrassons nous les uns les autres, sans rancune et sans hypocrisie, pour relancer Haïti sur la route du progrès. Ce jour de réconciliation sera bel et grand; Jour de paix

et de bonheur où tous les Haïtiens chanteront ensemble « vive Haïti indépendante, nous sommes libérés de nos auto chaînes de l'esclavage, Haïti est aux Haïtiens, vive l'unité pour toujours » la même unité qu'embrassaient nos Ancêtres au tournant des années 1791-1804, pour libérer cette terre, au prix même de leur sang et de leur vie.

Chapitre 8

La multiplication des idées et ses valeurs

« Vous devez vous rappeler d'une chose concernant la volonté du people. Ça ne date pas longtemps depuis nous étions ramonés par Macarena" John Steward.

L'idée est le plus grand outil que se sert le monde pour résoudre des problèmes de tous genres. Mais pour nous en Haïti, nous ne respectons ou nous n'aimons pas faire aucun cas de ce qui peut nous aider à résoudre nos problèmes. De très tôt en juillet 1828, un Américain appelé William Ladd, fils aîné de Eliphalet Ladd et d'Abigail Hall Ladd, a délivré un discours en Exeter New Hampshire, dans lequel il préconisait la prédominance de la paix dans le monde. Il devint plus tard le président de la société de paix Américaine formée en 1828. Ladd fit sa première réunion à New York City le 8 Mai 1828, une réunion qui fit bouger envi-ron 1500 personnes. « Référence William Ladd apotre de paix 1778-1841 ». Dans cette démonstration, Ladd demanda aux chefs des Nations d'établir un congrès pour entamer des discussions internationales à fin d'éviter la guerre. Près d'une décennie après, à la fin de la première guerre mondiale, les Nations victorieuses ont formé une association que l'on appela ligue des Nations. Aussi importante qu'était l'idée de William Ladd, vers l'année 1920, quarante deux Nations firent envoyer leur représentant à la ligue qui a son siège central à Genève Switzeland.

Peu après, un autre groupe de vingt et un Nations s'y joignaient, mais notamment les états unis n'y prenaient point part. Les opposants du Sénats Américains ont avancé que les membres de la Ligue ne suivaient pas les conseils de Georges Washington et ils ont failli d'arrêter la confrontation dans le monde vers l'année 1930 ; ces mêmes opposants pointèrent du doigt sur le manque de sécurité collective. A la vérité, la Ligue était une force de gardienne de paix incapable d'empêcher, réellement que les pays utilisent la méthode de guerre à la place de la diplomatie.

La création des Nations Unis

« Les idées son plus éfficaces que les armes. Nous ne permettons à nos ennemis de posséder des armes, pourquoi leur permettrion-nous d'avoir librement des idées" Joseph Starlin »

Du fait que ceux qui n'étaient pas membre de la ligue ne protégeaient pas les Etats-Unis de la terreur de la guerre à l'ère de l'attaque japonaise sur le port du trésor à Hawaii, ces Nations mentionnaient que les Etats-Unis pourraient s'isoler lui-même du reste du monde. A la suite de la deuxième guerre mondiale, les Etats-Unis se réunissaient à San Francisco, dans le but de créer une nouvelle organisation globale de maintient de paix ; exploitant la même idée de LADD. Le délégué des cinquante pays membres, a présenté la charte des Nations Unis. Le préambule de ce document a avancé une formule de paix internationale ; Voilà l'effet des idées. Aujourd'hui, Haïti a connu le mo-ment le plus difficile depuis son existence comme pays.

Les Haïtiens doivent travailler pour venir avec de nouvelles idées, pour finir avec ce problème de sous développement. A l'exemple de William Ladd, nous aimerions demander à tous les Haïtiens de véhiculer de nouvelles idées, et de les soumettre aux responsables de la république d'Haïti dans le but de promouvoir une nouvelle philosophie de développement pour Haïti.

Bref coup d'oeil sur les Etats-Unis et d'autres pays organisés Le corps de la politique comme le corps humain, com-mence à disparaître de la même manière qu'il se fit apparaî-tre, et apporte en lui-même les causes de sa propre destruc-tion. Jn. J. Rousseau »

Les Etats-Unis qui aujourd'hui devient la plus grande puissance du monde, ne reçoit pas ce titre sans sacrifice. Ce peuple a dû éprouver de dures épreuves et de misères, comme nous Haïtiens qui n'ont pas de place pour habiter aujourd'hui. A la seule différence, ce peuple avait des objectifs et de visions pour sortir de sa misère, il a aussi de bons leaders qui pensaient le futur de ce pays. Les responsables de ce peuple imaginaient de nouvelles technologies ainsi que de bonnes stratégies adaptées aux besoins du pays. Ces facultées sont pratiquement différentes pour nous les Haïtiens. Car, nous n'avions jamais eu aucune chance de trouver un bon dirigeant qui soit capable de prendre de bonnes décisions relatif au développement d'Haïti pour le faire devenir un pays tout comme les autres sur le plan technique et économique.

Je le répète, Les Etats-Unis d'Amérique ne fut pas grand auparavant, mais la technologie qu'il a râpée le permet de devenir ce qu'il est aujourd'hui. Je suis convaincu que, les méthodes ou manœuvres qu'il utilise pour faire prospérer son pays est incontestablement parfaite. Voilà pourquoi on a de nos jours tendance à se plier ou baisser la tête sous les ordres des dirigeants de ce pays. Les Etats-Unis, malgré toutes les critiques ou reproches qu'on pourrait porter contre lui, il demeure un pays béni. Il n'a pas reçu cette grâce seulement parce qu'il fait du bien, mais plutôt par son souci d'appliquer et de respecter la loi sans exception. La façon dont il s'organise lui fait flagorner la vie de tout ce qui existe; et il a créé un système pour entrer le pays tout entier et contraindre tous ceux qui vivent dans le pays d'y entrer. Par cette méthode, le gouvernement ou les dirigeants des Etats-Unis a le contrôle de tout, en mettant la vie au premier rang dans tout ce qu'il fait. Comme Dieu a cherché ces genres d'exemples chez l'homme vivant sous cette planète pour les bénir, les Américains ont trouvé cette faveur de Dieu parce qu'ils sont qualifiés pour en recevoir. Car Dieu Lui-même a déclaré qu'Il est un Dieu jaloux et Il a le mal en horreur. La tragédie Haïtienne mérite une attention spéciale Aujourd'hui, si nous peuple Haïtien, nous agripperions un petit exemple des Etats-Unis d'Amérique, dans moins de dix ans, nous aurons un pays qui aurait la capacité de produire pour ses habitants et distribuer ses produits à l'extérieur. Nous demandons Seulement au gouvernement des Etats-Unis de prendre une toute petite patience pour le peuple Haïtien car, l'heure de notre délivrance sonnera où nous nous libérerons de la chaîne de l'exploitation systématique et de la misère où nous nous sommes trouvés depuis tantôt deux cent cinq années. A mon avis, ce systeme esclavagiste est beaucoup plus dramatique que ce qui a été imposé à Haïti par les puissances colonialistes d'avant 1804. Car nous agrippons nous même ce joug sans nous en rendre compte.

La chaîne a presque brisée. Elle est grignotée, et on peut entendre son bourdonnement. Au temps fixé, tous les Haïtiens entendront le bruissement de la chaîne, et ce jour ap-portera le bonheur et la joie pour tous les Haïtiens; ce sera vraiment un jour d'allégresse de bonheur et de féliciter, où pour la première fois, le peuple Haïtien se mettra ensemble pour rebâtir son pays.

Haïtiens mes frères, ne soient pas bouleversés devant quelque soit les mesures qu'un gouvernement aurait prises contre nous à travers le monde. Elles nous servent au contraire d'example pour nous pousser à repenser notre comportement vis-à-vis Haïti notre pays. Nous connaissons notre maladie et le remède est dans notre pharmacie; armons-nous du courage et de la volonté pour l'injecter à la plaie pestilencieuse d'Haïti. Si aujourd'hui le gouvernement Américain veut à tout prix nous déporter des Etats-Unis, ce n'est pas parce que l'administration américaine n'aime pas le peuple Haïtien; il a agis de la sorte, juste pour éveiller notre conscience. Haïti est un pays comme le leur, les Haïtiens doivent travailler pour le développer de la même façon qu'ils ont fait eux-mêmes pour leur pays.

Réflexion

Les dirigeants des Etats-Unis ont créés des lois pour couvrir tous ceux qui possèdent une vie. Il en est de même pour nous, nous avons besoin de nous unir pour créer des lois, pour protéger tous les êtres vivants parce qu'ils ont été crées pour une raison bien déterminée. C'est alors que Dieu nous bénira comme Il a béni le peuple Américain. Quelquefois dans mon imagination, je me questionnais moi-même en me demandant: Dieu nous a-t-il oubliés sur la terre? La réponse est toujours négative. Dieu se souvient de nous toujours. Cependant, il nous observe tout en regardant ce que nous faisons et Il attend de nous quelque chose spéciale: sachons que c'est l'éternel seul qui est Dieu et que c'est lui seul que nous devons servir. Que pensons-nous des américains qui ont placé Dieu au premier rang de leurs entreprises ? Quelqu'un qui a placé sa confiance en l'éternel, le Dieu tout puissant, peut il se trouver à la queue où à la tête ? N'a-t-il pas lui-même déclaré au peuple d'Israél, que s'il veut réussir dans tout ce qu'il entreprendra, que le livre de la loi ne s'éloigne jamais de sa bouche ; qu'il prenne garde de l'oublier comme l'éternel son Dieu, qui l'a fait sortir de la servitude en Egypte ?

Haïtiens mes frères, après avoir longtemps consacré notre pays aux esprits invisibles de l'air qui n'ont pu rien faire de bon, et pour lequel Dieu nous a tourné le dos, tournons nous vers L'éternel. C'est alors que Dieu fera son intervention pour dire assez à la misère, la division, la déchirure

et la déception et oui à l'abondance, à la paix et la réconciliation. <<Si mon peuple sur qui est invoqué mon nom s'humilie et cherche ma face, je l'exaucerai des cieux je pardonnerai ses péchés je guérirai ses maladies>>. Nous voudrions bien attirer l'attention du gouvernement des Etats-Unis sur un sujet très important; c'est la participation

active des Haïtiens lors de la prise de leur indépendance au tournant des années de 1776.

Quand on considère la volonté manifesté et les sacrifices consentis par ce peuple noir pour aider l'Amerique dont il fait partie à arracher son indépendance des puissances colonialistes, ce peuple noir mériterait un traitement particulier aux yeux du monde, n'en déplaise aux aides humanitaires, économiques et autres qu'ils lui ont octroyés. De même que les Etats Unis a traité les juifs comme un père a agi à son fils, pour avoir la bénédiction du Dieu Israel pour rendre prospère son pays, les haïtiens pareillement doivent recevoir un traitement plus ou moins soutenu pour avoir versé du sang aux combats pour la liberté des Etats-Unis d'amerique. Si aujourd'hui, nous sommes en difficultés pourquoi le gouvernement Américain ne peut il pas continuer à nous supporter, et même aider notre pays à prendre une nouvelle direction vers le développement. Un support de la super puissance va permettre aux

Haïtiens de se sentir à l'aise de travailler dans leur pays, l'embellir comme tous les autres pays organisés.

Chaque fois que nous réfléchissons sur la souffrance de nos frères et sœurs Haïtiens, l'arme ne cesse pas de couler de nos yeux ; Quand nous considérons le nombre infini de nos frères qui furent mourus et qui continuent à mourir, sous les armes de ses propres frères, cela encore, nous rend triste et a fait couler beaucoup plus de l'armes dans nos yeux. On ne pourra pas cesser de crier, tout autant que les Haïtiens ne s'ouvrent pas ses yeux pour voir où ils sont et

où ils vont. Nous croyons que le jour viendra où tous les Haïtiens quelque soit sa classe sociale, son appartenance politique ou culturelle et sa capacité intellectuelle reconnaîtront qu'ils sont tous des frères et sœurs Haiti deviendra un vrai paradis. Haïti mon pays, terre de mon sang je t'aime, et je ne cesserai jamais de t'aimer. Quand nos yeux s'ouvriront, nous nous regarderons les uns les autres, et nous verrons la déclination de notre pays, terre que nous avons juré de servir, terre pour laquelle nous avons l'obligation de travailler pour sa grandeur étant citoyens Haïtiens. Quand nous prendrons conscience de notre culpabilité, c'est alors que nous allons nous lancer tous ensemble, dans le développement d'Haïti notre pays, que nous faisons longtemps souffrir par nos rancoeurs, depuis tantôt deux cent cinq (205) années de l'indépendance.

Il y a aussi, une chose qui me fait honte et triste chaque jour; c'est le comportement des autres Nations entres elles. Quand nous voyons et entendons ces gens parler et jouer entre eux, avec des sourires aux lèvres pour dire comment ils se sentent fiers de leur pays; alors que nous, c'est avec beaucoup d'audaces que nous osons nous parler du nôtre; oh c'est honteux. Quand est-ce donc nous Haïtiens, nous allons nous libérer de ces chaînes de déception ? Dans le passé, Haïtien était si important aux yeux du monde que tous les pays nous recherchaient pour notre performance et notre courage; qu'en est il donc d'aujourd'hui? Nous sommes tellement mal vus, qu'aucune nation ne veut presque même nous recevoir sur leurs terres. Oh Dieu! C'est dure pour nous Haïtiens, peuple si intelligent; c'est vraiment humiliant et décourageant. Mais de toutes les façons, ne perdons point donc courage. Sincèrement, Dieu fera son intervention au milieu de nous pour nous secourir dans nos malheurs, simplement qu'il soit impératif de tourner nos regards à Lui.

L'espoir fait vivre !

« Les gens réclament la liberté d'expression comme une compensation à la liberté de penser qu'ils n'ont jamais encore utilisée. Kierkegaard »

Après 1986, un vent de changement commençait à souffler en Haïti. Le peuple fatigué des mauvais traitements et des déceptions quotidiennes fit renverser Jean C. Duvalier du pouvoir. Depuis lors, les yeux de tout le peuple Haïtien s'ouvrirent, et il commençait à partager le même sentiment, le même amour, et cet esprit de partage apportait un réel espoir pour ce pays que l'on appelle Haïti, qui prenait des coups fatals sans arrêt des faux leaders.

Ce même vent d'espoir a inauguré chez presque tous les Haïtiens, l'esprit de la créativité des moyens pour se débattre ensemble, pour défendre leur droit entant que peuple. Ces mouvements commençaient à porter des fruits et le peuple commença par s'organiser en groupe, un facteur qui permet à l'esprit de penser de nouveaux objectifs et les aboutir. Dès que les faux dirigeants firent leurs interven-tions dans le mouvement de la masse, ils désorganisèrent l'esprit du peuple en le détournant vers le désordre généralisé contre le développement du d'Haïti, au profit de la classe dominante. Du même intelligence d'organisation, le fameux premier ministre Jacques E. Alexis a lancé un appel à tous les Haïtiens de se joindre pour travailler au développement d'Haïti, dans un discours prononcé le pre-mier Mai 1997, à l'occasion de la fête du travail du pays, à l'Arcahaie.

Depuis lors, moi-même et mes collègues mécaniciens, ingénieurs, artisans, économistes pasteurs, avocats etc. Animés d'un sentiment patriotique et d'un grand amour pour notre pays, nous avons décidé de nous regrouper pour travailler au progrès du développement de notre pays, en créant «coopération pour la promotion de la production nationale d'Haïti CPPNH»

Chapitre 9

Fondation de la CPPNH

Le plus qu'on peut donner aux pauvres est le pouvoir de travailler eux-mêmes, moins ils travaillent plus leur pauvreté augmentera". Leo Tolstoy »

Le 25 Janvier 1998 les collègues se sont réunis à la résidence de Mr. Bermann La Rose Joseph pour discuter sur le projet de la fondation d'une organisation qui pourrait nous permettre de mieux travailler pour le développement de notre pays. Dans le même jour, nous étions tous d'accords pour travailler sous la bannière de la CPPNH qui signifie: coopération pour la promotion de la production nationale d'Haïti. Un comité a été désigné parmi les membres et il ne prenait pas du temps pour se mettre au travail.

L'objectif de chacun de nous, était de travailler à l'amélioration des conditions de vie par la création de toutes sortes d'activités non contraires à la loi du pays, pour permettre aux gens de travailler et de penser au sujet de la politique d'Haïti. L'objectif premier a été la création d'emploi sous de noms différents tirés de l'organisation mère. En effet, la première pierre a été lancée et la société a créé "HP" qui signifie : Haïti Production, création de mode et service factory.

Elle était une institution de création d'emploi dans la société Haïtienne. Cette réalisation a porté la joie au cœur de plusieurs malheureux, parce qu'ils ont trouvé un emploi pour leur aider à lutter contre la misère et le désespoir. Cependant, l'équipe directrice de cette institution a connu des difficultés énormes.

Animés de bonne volonté et de sentiments patriotiques, avec la moindre force et le moindre moyen qu'ils avaient, les membres de cette coopération ont arrivé à opérer de grands miracles dans la communauté haïtienne. On dit souvent que l'haïtien est un peuple de miracle. Pour ouvrir cette compagnie, le plus grand problème que nous avions rencontré était un espace pour installer les matériels. Beaucoup de démarches et de temps ont été perdus pour essayer de trouver un local abandonné de la mairie de Delmas, à l'époque où Patrick Norzeus fut le maire principale cette commune. La voie du succès

Comme il était un projet commun, nous nous sentions libres de chercher l'aide des dirigeants de l'Etat pour le supporter. Constatant qu'il était un bon projet, le maire acceptait de nous donner son support pour loger les matériels, avec une fausse promesse qu'il nous donnera quinze ma-chines à coudre, comme la participation de la mairie dans le but d'augmenter notre capacité d'emploie. De très tôt dans le mois de Février 1998, le maire Patrick Norzeus accom-pagné de son équipe débarquait dans les locaux situés entre l'angle de Delmas 33 et petite place caseau au building #2 pour remettre les clés à l'équipe directrice de la CPPNH, et là nous avons commencé à faire fonctionner la compagnie de couture.

Chers lecteurs, il vous vaudrait la peine d'être présents pour voir ce que fit la HP dans peu de temps. C'était un réel miracle. L'esprit de Dieu était avec nous, Il nous encouragea dans nos épreuves et nous travaillâmes avec l'espoir, la joie au cœur. Il nous a dicté la façon de mieux faire notre travail patriotique au bénéfice de la communauté. Nous croyions que le travail que nous avons fait allait trouver l'appui du gouvernement pour nous encourager ou du moins l'entreprise, de manière à offrir de meilleurs services. Cependant, nous nous sommes trompés.

Le gouvernement n'avait pas l'objectif de préparer personne pour le futur. Nous travaillâmes pendant toute l'année 1998 avec notre faible moyen économique pour démontrer aux dirigeants du pays ce que nous pouvons faire et ce que nous voudrions offrir comme contribution dans la réduction du taux de chômage dans le pays. Les dirigeants faisaient la sourde oreille, ils bandaient leurs yeux pour ne pas payer attention à ce que nous faisions. Ils croyaient plutôt au pillage et aux manœuvres qui pourraient détruire le pays tout entier, au lieu d'investir dans des entreprises ou des hommes conséquents qui eurent à s'offrir eux-mêmes, pour le service du développement de leur pays.

Patrick Norzeus, un dirigeant sans respect

Patrick Norzeus, maire de la commune de Delmas, agissait sans pitié et sans réfléchir contre l'équipe directrice de la CPPNH. Le sentiment qu'il animait de nous servir nous donnait l'impression qu'il était de sa volonté de nous guider vers un avenir meilleur. Cependant, ce fut ce même Norzeus qui nous a retiré ce privilège par son action ségrégationniste contre les dirigeants de l'organisation et par conséquent, la population pour lequel il est appelé de travailler.

Les dirigeants Haïtiens ne considéraient pas Haïti comme un pays productif et ne croyaient pas aussi dans la production mais plutôt dans la reproduction. Quel est dans le monde, le pays qui resterait dans ce vieux système,

lorsqu'il est incapable de fournir des assistances nécessaires à son peuple ? Aucun !

Haïtien a besoin de développer et de déployer leurs connaissances pour le bien être de leur pays. Les dirigeants haïtiens ont seulement besoin de changer de stratégie.

Nous, les dirigeants de la CPPNH, nous percevons toujours le développement d'Haiti dans une autre dimension et sous un autre angle, parce que nous ne pouvons pas penser de la même façon que les autres, qui voient toujours eux-mêmes contre la volonté des autres.

La raison pour laquelle l'équipe directrice de la CPPNH reste toujours ensemble, c'est parce que nous ne tolérons pas, qu'aucun des soit disant, leaders nous manipule, à la destruction de la richesse de l'Etat, par de violentes manifestations partisanes. Un facteur qui n'amène le pays nul part d'autre que dans l'abîme. Ces faux leaders qui travail-lent toujours pour une équipe quelconque, et qui sont là seulement, pour enfoncer le pays dans le trou incertain de l'avenir et l'abandonner sur la route de non retour, furent toujours contants, et fiers de tirer leur avantage de la misère de ses frères. La CPPNH est une organisation sociopolitique qui fut fondée à un moment très critique dans la vie politique d'Haïti. Nous percevions la politique Haïtienne dans un autre angle, parce que nous voudrions toujours nous aventurer beaucoup plus loin, à la recherche de nouvelles technologies pour implanter de nouveaux systèmes dans la politique du pays qui est : la création au lieu de la destruction.

Pour retourner à notre sujet précédent, le même Patrick Norzeus qui nous a fourni l'assistance pour installer les matériels, eut été celui qui nous a trompés tout en utilisant le même système destructif que ses collègues avaient l'habitude de servir pour détruire Haïti depuis son indépendance en 1804. Par la complicité du maire Norzeus avec Evelyne Perard, femme puissante du régime Lavalassienne de l'époque, l'entreprise Haïti Production fut déstabilisée et cessé d'exister de faite.

Les matériels et autres sont détruits, mais les cerveaux existent toujours. Qu'on se rappelle de la parole célèbre du grand Héros Toussaint Louverture : « En me renversant, on a battu à Saint-Domingue le tronc de arbre de la liberté des noirs, mais il repoussera par ses racines, parce qu'elles sont profondes et nombreuses ». Ils eurent mis au chômage tous ceux qui travaillèrent à l'époque. Comme l'objectif de presque tous les dirigeants Haïtiens fut de détruire l'économie du pays, Patrick Norzeus et Evelyne Perard furent revêtus de leur chapeau. Ils ne pensèrent pas à l'utilité de la création pour le développement de l'économie haïtienne, car ils ne croyaient pas à la production si non qu'à la reproduction. Patrick et Evelyne furent deux destructeurs. Ils ont brisé l'entreprise dans le but d'empêcher l'équipe directrice de la CPPNH de développer leurs connaissances au service d'Haïti. Ils ont bien joué et bien gagné, mais Haïti a le seule perdant.

Personne n'en a rien dit jusqu'à présent, malgré toutes les démarches qui s'en suivirent. On peut espérer sincèrement qu'un jour, Haïti se débarrassera et sera délivré de ces truqueurs. Patrick Norzeus lorsqu'il a donné le local à l'équipe directrice de la CPPNH, pensait qu'il allait embaucher ses gens pour travailler en même temps, dans sa compagnie démolisseuse. Leurs taches seraient d'enflammer des pneus dans les rues, en faveur de sa politique corrompue et de-structive, pour accélérer la contribution dans la destruction d'Haiti, comme il a su bien faire pour les autres leaders d'association politique qui s'appelaient OP ; lesquelles ne savaient pas réfléchir sur le travail tant destructif qu'ils font contre leur propre pays et leur propre intérêt

Evelyne Perard a brisé le rêve

Evelyne Perard dirigeait un programme séparé du gouvernement nommé PNCS : programme National des cantines scolaires. Ce programme a partagé le même local qu'Haïti production HP, une entreprise de création d'emploie.

Comme elle jouissait de la bénédiction du pouvoir à l'époque, Evelyne Perard eut à utilisé son pouvoir contre cette institution créatrice, pour implanter une institution de consommation. Est ce que Evelyne Perard examinait que cet institution qu'elle dirigea, et qui cherchait des restes de produits non utilisés sous la bave des autres peuples

de l'étranger contient plus d'importances que celle d'un groupe d'Haïtiens dévoués pour porter leur concourt à la production Nationale ? Comme le jeu restait toujours de même en Haïti, personne n'oserait créer aucune chose utile, pour aider à la croissance de l'économie Haïtienne au bénéfice de ses habitants.

Evelyne Perard a agis de la sorte, contre l'équipe directrice de la CPPNH parce que dans sa vision, elle pensait que ce mouvement allait pouvoir conduire Haïti vers un dével-oppement radical.

23 Décembre 1999, elle débarqua au local, accompagnée de son équipe de gangs ; elle saisit les clés de l'entreprise avec tous les matériels qui s'y trouvèrent. En d'autre terme, l'équipe directrice de la CPPNH faisait presque

deux ans de promenade auprès des autorités Haïtiennes, pour essayer de rouvrir l'entreprise en vue de

continuer cet important projet pour le progrès du pays et de ses habitants. Mais personne ne faisait aucun cas de nous. Ils ne payaient pas aucune attention à nos requêtes, parce qu'ils ne cherchaient pas ces genres de personnes, mais plutôt des gangsters au lieu des producteurs.

Jusqu'à présent le dossier reste ouvert dans un cabinet d'avocat dans la capitale pour des fins utiles. Après toutes les démarches menées auprès des autorités concernées dont le président René preval, qui refusait de nous aider dans

la continuité de notre objectif pour le progrès d'Haiti; les criminels autorisés avaient déterminé de nous ôter la vie, dont celle du président de la CPPNH premièrement. Cette violente agression physique, lui a forcé de prendre un exil forcé aux Etats-Unis d'Amérique où il menait une vie difficile, privée de sa famille, de ses amis et de ses collègues. C'est vraiment une triste histoire qu'on ne peut pas manquer de connaître. Malgré tout j'ai confiance dans le futur d'Haïti avec une prise de conscience de tous mes agresseurs et de tous les Haïtiens en particulier. Coup d'œil sur le monde

Les chefs de ce monde cherchent aujourd'hui une nouvelle philosophie qui pourrait apporter la paix dans l'esprit des êtres humains. Mais ils ne peuvent pas en trouver. Il y en a qui pense pouvoir repérer la paix par des armes régulières ou nucléaires, et d'autres par le dialogue. Certains même utilisent la mafia ou le terrorisme pour faire peur le monde et garantir leur propre paix. Ceux qui prétendent vouloir contrôler le monde, pour la moindre chose, sont prêts à faire ressortir ses armes à destruction massive, pour choquer les habitants de la terre. Il y en a aussi qui veulent faire montrer qu'ils sont les seules puissances ayant l'autorité pour diriger la terre dans la paix. Par contre, Le

reste de l'humanité doit se soumettre sous ses ordonnances. En faisant passer pour des forces de paix, n'ont-ils pas cependant, suscité plus de guerres à travers le monde ? Nous croyons qu'il est écrit quelque part dans le livre de la sagesse que « quand les hommes diront paix sur cette terre, alors une ruine soudaine les surprendra, comme la douleur surprend la femme enceinte ».Plus on parle de paix dans

le monde, plus on y trouve des raisons significatives pour faire éclater de nouvelles guerres. De jour en jour, ce sont les crimes, l'abus et le deuil qui répandent dans le cœur de la famille mondiale. Pourquoi ne pas nous réunir alors tous ensemble, aux pieds du seul leader qui est capable de nous donner la vraie paix, la paix éternelle ? C'est alors, et alors seul que finira la guerre dans le monde.

Beaucoup de nations pensent qu'à elles seules, appartiennent le pouvoir de commander la terre. Cela voudrait dire également, qu'à elles seule reviennent` le droit et le devoir de posséder de grosses armes destructives. Où cette philosophie ou du moins cette conception conduira-t-elle le monde? Comment sera la terre à la fin des temps pour ceux qui croient à une fin ?

Au commencement, la terre était habitée paisiblement par un seul peuple, une seule nation, parlant le même langage. Désirant réaliser un projet orgueilleux aux yeux de l'éternel, il a confondu leur langage et l'a fait éparpiller dans des coins reculés de la surface de la terre; d'où la naissance de plusieurs nations sur la terre.

Chacune de ces Nations a pris le contrôle d'une portion, et les résidants de chaque morceau de terre choisissent d'écrire des règlements à suivre pour respecter et donner plus de sens à leur vie. Cependant, la jalousie de l'un comme l'avarice de l'autre a fini par créer la convoitise, la haine d'où la guerre et la misère, la domination et l'esclavage, autrement dit, l'exploitation. Il n'y a pas un coin de terre qui n'a pas une richesse à exploiter. La

paresse ou la mauvaise gestion des responsables d'un coin quelconque, peut lui faire traîner derrière ou sous les pieds des autres à la recherche d'un morceau de pain quotidien.

Les dirigeants Haïtiens doivent réfléchir sur cette synthèse. Advienne que pourra, il est fixé un jour où tous les habitants de la terre se transformeront en une seule nation, sur une seule terre, et parleront tous une même langue, comme au temps des enfants de Noé.

Il est impossible pour que la situation et la condition des humains restent et demeurent inchangée sur la surface de notre planète. Les belligérants de ce siècle doivent avoir un regard sur les problèmes de l'humanité, et se lèvent la tête pour regarder l'immensité des planètes d'en haut, et contempler celui qui les a crées. Ne serait il pas meilleur pour les autorités mondiales, de penser sur la variété des étoiles qui sont dans les cieux, quand elles cèdent leurs places au soleil pendant le jour, pour éclairer la terre pendant la nuit. Dieu, n'a-t-il pas créé les hommes pour une raison bien déterminée? Quel est le but de la présence de l'homme sur la terre? Qui a donné la connaissance aux hommes? Pourquoi certains utilisent-ils leurs connaissances pour faire le bien et d'autres pour faire le mal? Tous les hommes n'ont-ils pas été crée dans un même esprit et pour un même but? Prenons-nous donc le temps de réfléchir sur ces questions.

Chapitre 10

L'humanité, peut-elle vivre une troisième guerre mondiale ?

La première guerre mondiale éclata pour cause d'intérêt dans les différents coins de la terre.

Parce que Chaque pays voulait avoir plus d'espace

pour s'établir. Ceux qui croyaient avoir plus d'autorité questions, peut être nous pourrons nous partager les réponses sous peu. La seule chose qui est certaine, malgré la capacité d'intellectuelle d'un homme, malgré sa puissance économique et son pouvoir politique il réserve un jour pour Dieu de lui appeler en jugement. Cher lecteurs, pensez profondément sur cette synthèse.

La vraie cause de la déchirure mondiale

La raison principale qui permet que la terre ne peut pas avoir la paix aujourd'hui, c'est parce que les principes établis par le créateur ne sont pas respectés. Les dirigeants du monde se déclaraient être capable d'apporter la paix dans le monde, alors qu'ils ne peuvent même pas se protéger. Car, le créateur s'assoit paisiblement sur Son trône, pour observer les hommes qui se débattent dans le mensonge au sujet de ce qu'ils ne sont pas capables de faire. Malgré tous les éloges que font les hommes aujourd'hui, malgré tous les battements d'estomac, pour faire connaître qu'ils sont le maître du monde, un simple ouragan qui est un phénomène naturel suffit pour leur faire palpiter. En effet, le jour viendra pour que toutes les Nations reconnaissent à qui appartient la terre, et qui est le vrai maître du monde. Ce sera un jour terrible, un jour de pleurs et des grincements de dents. Malheur à vous nations idolatres! L'utilisèrent pour satisfaire ses désirs. Depuis le milieu de l'année 1800, un vent de guerre souffla et éparpilla dans les pays de l'Europe. Comme les pays de l'ouest furent industrialisés, chacun exigeait des conditions les plus favorables pour leurs croissances économiques.

Un a un, Grand Bretagne, la France, l'Allemagne, l'Australie, la Hongrie, la Russie et l'Italie voulurent posséder de nouveaux marchés, pour s'établir et élargir leur territoire; ce qui leur donnerait plus de forces économique et politique. Comme la solidité économique entraîne la puissance politique et l'ambition de dominer qui, sans nul doute engendre la guerre. Le créateur du monde a donné aux hommes la connaissance pour faire ce qui est bien et pour glorifier son nom, mais les hommes l'ont utilisée contre la volonté de Dieu et contre eux-mêmes. Depuis bien avant l'éclatement de la première guerre mondiale, il y eut des pays qui commencèrent déjà à faire des provisions pour la guerre parce qu'ils manifestaient déjà l'idée. Beaucoup d'alliances se firent entre eux. Les grands pays cherchèrent le support des pays amis; une preuve tangible qui montre qu'ils avaient déjà l'idée en tête; en témoignent l'alliance de l'Allemagne, Italie et la Hongrie en 1882 Par exemple. En revanche, la France et la Russie en 1894, pour combattre les trois premiers alliés. L'Allemagne fut la grandes puissance en armes de l'époque et eu une armée mieux organisée dans l'Europe en 1900. en 1905,

la France et l'Allemagne furent dos à dos pour la question d'intérêt terrienne.

Toujours en 1800, Grand Bretagne, pour maintenir la connéction de son empire, il a ouverts ses ports pour le commerce. Il voulut aussi être sûr qu'aucun autre pays ne devint assez fort pour les attaquer. La France avait l'objectif d'ajouter à ses richesses, la portion de terre minérale de Maroc. Au tournant des années 1905, 1908 et 1911, l'Allemagne et la France se furent prêts à se battre pour le control de cette portion de terre. Toutes ces préparations eurent à montrer que les hommes voulurent s'impliquer eux-mêmes dans la guerre. Dans l'été 1914, la guerre commença dans le pays d'Australie, dans la

Hongrie, une province de Bosnie Herzégovine dans le Balkan, occasionnée par un assassinat qui incita beaucoup de problèmes ; malgré cet embarras ne fut pas pour la première fois dans la région. Vers Août, la majeure partie de la puissance Européenne fut en guerre l'une contre l'autre. C'est à ce même moment que furent développées les grosses armes qui, vinrent changer la technique de guerre dans le monde.

Cette guerre sanglante éclata le 28 juin 1914, quand l'Archeduke Francis Ferdinand, neveu de l'Empereur Francis Joseph, fit une visite à Sarajevo, capitale de Bosnie Herzégovine. Francis Ferdinand planifia de devenir Empereur, dans le but de donner aux serviles de Bosnie Herzégovine une autre partie de l'empire; une voix dans le gouverne-ment qui fut égal à celle de l'Australie et de la Hongrie. Cette action politique aurait pu calmer la terreur des complaisants de l'Etat séparé du pays d'après l'Archeduke. Avant que Archeduke et sa femme Sophie commencèrent leur tournée dans la rue de Sarajevo dans une voiture décapotable, sept jeunes assassins eurent déjà pris place au long de la route. Tous ces bandits furent membres d'un groupe d'agents secrets basé à la Serbie et connu sous le nom de : main noire ou union de mort.

Malgré l'Archeduke et Sophie survivaient dans le premier attentat, leurs chances ne furent pas retenues. Pendant que la voiture de la couple fit une mauvaise tournée sur la route de Sarajevo, le jeune Gavrilo Principe, dix neuf ans d'age, mancha son pistolet, et tira fatalement sur la voiture de la couple. Ils sont tous deux blessés grièvement. En ce temps là, un ultimatum fut lancé aux dirigeants de la Serbie par des propositions impossibles. Malgré tout, ils ne furent pas obéis et la première guerre mondiale déclencha. C'était un bref rappel historique sur le commencement de la première guerre mondiale.

Aujourd'hui encore, quand nous observons ce qui se passe dans le monde, où les leaders mondiaux sèment la panique, en utilisant leur grande force contre les plus faibles, ça fait peur et palpiter le cœur, parce qu'il ressemble beaucoup à l'époque des alliances de la préparation pour la guerre.

Unification en Europe, division dans le continent Américain

Aujourd'hui les Européens sont unifiés. Comme on peut le constater; tous les petits pays qui composent l'union Européenne commencent à prendre le chemin du développement, contrairement à ceux du continent Américain ils se battent les uns les autres. Ces faits n'apportent que des crimes, de la famine, de l'instabilité politique et du désordre généralisé dans toutes leurs administrations. Ce problème mélancolique leur permet de rester toujours sous-développés. Comment Pourrions nous comprendre que tous ces mélis-mélos puissent-ils demeurer sous les yeux de la plus grande puissance de cette ère? Est-ce que les Etats Unis est incapable d'aider les petits pays dans son continent à résoudre leurs différents ou de les conseiller personnellement sur ce sujet? À vous d'en donner une réponse satisfaisante!

Quant à nous Haïtiens, nous partageons le même continent que l'actuelle plus grande puissance du monde; d'où viennent nos misères et nos problèmes chroniques? Pourquoi les Européens s'entendent-ils et sont-ils biens fiers d'être Européen, tandis que ceux du continent Américain ne sont-ils pas souhaités la bienvenue dans l'Amérique? Parfois ils se sentent même humiliés, via les traitements reçus des autorités de leur propre continent ? Pourquoi dans tous les petits pays de l'Europe les habitants n'ont-ils pas besoin de visa pour se rendre n'importe où en Europe, alors que pour ceux de l'Amérique, un difficile visa leur est obligatoire pour visiter leur propre continent? Pourquoi toutes ces exigences à un américain pour avoir accès à visiter un pays de son propre continent ? Est-ce aux habitants des États-Unis seul qu'appartient l'Amérique, comme ils le prétendent ?

Les leaders de la puissance de l'Amérique doivent donner une réponse aux habitants des petits pays du continent Américain à ces questions. En outre, ils doivent sérieusement penser sur cette troublante situation pour éviter une rébellion collective. Ce ne serait pas abstrait de craindre le déclenchement d'une nouvelle rébellion dans la prochaine histoire de l'Américaine; car dit-on, une vase trop pleine finira quand même par se déborder.

Parlons un petit peu sur la question des Nations Unis, c'est une organisation qui fut créée avec la mission de surveiller sur tous les pays qui veulent provoquer du désordre dans le monde et ce qui ne veulent pas se soumettre au standard des droits de l'homme, ou de la démocratie.

Les membres des Nations Unis sembleraient-ils dévier de leurs missions. Cette prestigieuse organisation parait devenir aujourd'hui, le supporteur des désordres dans le monde, pour n'en pas dire des forgeurs. Si on prend comme exemple, les cas d'Iraq et d'Haiti, comme les plus récents; En Iraq, nos frères et sœurs de l'armée sont en train de mourir et les civils Iraquiens sont tués par millier. Tous ces tués sont dus à une polémique, d'un conflit politique personnel ou un problème de paix. Quel en fut le rôle de l'ONU? En 1977, l'ONU eut à appliquer les armes de l'embargo contre le Sud Africain, à cause de leur refus de respecter la charte des droits de l'homme. Pourquoi les membres des Nations Unis n'utilisaient-ils pas cette même arme pour éviter cet événement qui se passe en Iraq et en Haïti? Alors qu'Haïti et Iraq sont jusqu'à présent, membres des Nations Unis. Ces deux peuples sont dans une misère noire, ils attendent le secours de cette organisation de paix. On
a utilisée les Nations Unis pour cause personnelle et la rendant sans force en utilisant la vielle formule d'avoir la paix par la guerre. Le monde d'aujourd'hui a besoin d'une Nation Unis repensée!

Aussi serait-il bon de réveiller la mémoire des leaders des Nations Unis, sur leur première déclaration faite à Genève en 1930. « Nous, peuples des Nations Unis, nous déterminons de sauver la génération future du fléau de la guerre, qui deux fois dans notre vie, apporta d'incalculables tristesses aux êtres humains. Nous réaffirmons notre foi dans le respect des droits fondamentaux de l'homme, de promouvoir le progrès social, pour une vie meilleure et normale, et tenir notre force pour maintenir la paix et la sécurité, et pour nous assurer que la force des armes ne sera plus utilisée pour chercher la solution des intérêts communs. Nous sommes en fin résolus de combiner nos efforts pour accomplir cette déclaration ». Telle fut la déclaration des membres des Nations Unis,

- l'occasion de sa fondation. Que pensons-nous entant qu'observateur ? Ont-ils jusqu'ici Respecté cette déclaration ? Est-il normal d'ignorer toutes ces attaques dans le monde ? N'est il pas urgent et même obligatoire de repenser les Nations Unis aujourd'hui ? Si les leaders du monde ne se sont pas réunis pour une nouvelle vision unifiée, planifiant de nouvelles alternatives pour les Nations Unis, le sort futur de la terre sera fatal. Que ce ne serait pas une éventuelle troisième guerre mondiale ou la fin des nations ! A l'homme cela est impossible, mais à Dieu tout est possible dit-il ! Tournons donc vers Lui nos regards.

Il est donc impératif que les grands dirigeants de la terre se rencontreraient une fois de plus, pour trouver de nouvelles alternatives pour les Nations Unis. C'est à fin de donner l'organisation de nouvelles stratégies et de nouvelles méthodes d'intervention dans les conflits internationaux. De ce fait, Celles-ci permettront à l'organisation d'être plus efficace dans sa mission. Car le monde ne doit pas s'abandonner à lui-même, sans avoir des règles communes ivre et à respecter. Il lui faut un groupe d'individus solides et bien placés sous les directives du créateur, pour penser et planifier la gestion provisoire du futur de ce mouvement. Autrement, l'ONU n'aura aucun préparatif pour épargner ou éviter une éventuelle guerre catastrophique sur la terre.

Le problème c'est que, les gens pensèrent sans arrêt et firent ce qu'ils voulurent selon leur propre pensée, ignorant les lois naturelles promulguées du grand créateur; voilà la

cause qui engendra la première guerre mondiale. Cette mésentente mélancolique apporta des larmes aux yeux des mères et pères de famille, tristesse et stresse au cœur des habitants de la terre, palpitation de cœur et mal de tête pour les êtres humains. Les penseurs doivent rapidement passer en revu leur réflexion pour trouver de bon résultats dans ce troublant issue politique, qui accable les résidents de la terre. De même que William *Ladd* en 1828 venait avec l'idée de conseiller les leaders des Nations de se joindre dans le but de penser sur un nouveau standard, qui fut capable de prévoir la guerre dans le monde à fin de l'éviter, nous aussi, nous aurions à conseiller aux grands leaders de ce monde de

S'asseoir ensemble d'un commun accord, pour

repenser les Nations Unis. L'objectif de cette réunion serait de réorienter l'organisation et de donner à ses membres plus de liberté et de pouvoir, sans force cotée, pour travailler dans le cadre de l'amélioration des conditions de la sécurité dans le monde. Le déclin familial

La famille en effet est la racine mère de toute société. Elle constitue en fait, la base de toute communauté. S'il y aurait une carence d'éducation au niveau de la famille,

où les valeurs morales tendraient à s'effondrer, la vie dans une telle société serait sujette à la violence et la corruption. Tel est le cas d'Haïti notre pays et beaucoup d'autres. Ce pays se dispose de toute une gamme d'intellectuelles, ayant de très grandes capacités et de bonnes formations. Si l'on s'interrogerait sur la vraie cause de la situation délabrée d'Haiti, peut-être on l'aurait attribué à la perte ou de préférence au rejet même de la formation et d'éducation familiale; Pour ne pas dire le rejet même de la valeur. Il serait bien avantageux et même obligatoire de venir avec un vocable technique pour porter une amélioration dans la condition de vie de la population Haïtienne. Si l'on voudrait croire aux faits et aux réalités, Haïti a réunis toutes

les formalités techniques nécessaires pour se lancer vers le monde de la technologie. Il se pourrait bien qu'il y ait un problème basé sur la conscience. De qui la conscience devrait être venue ? De la famille bien entendue, c'est-à-dire les chefs de la famille devraient expliquer aux enfants les bonnes et les mauvaises aptitudes qui pourraient les conduire à la réussite de leurs vies et celles qui pourraient

entraver le développement de la société et de leur personne. Il Semblerait en d'autre terme, que les chefs de famille Haïtiens ne font pas le travail nécessaire qui conduirait leurs enfants vers une prise de conscience patriotique leur portant à aimer leur patrie. Ils se complaisent à imiter les malversations de ceux des pays soit disant développés et à travers les medias etc. En un mot, si ce travail d'éducation familiale ne ferait pas l'objet de discussion dans le les enfants n'arriveraient jamais à aimer leur patrie.

La force de l'unité et danger pour l'Amérique

Les Européens s'unifient pour être plus fort sur le plan politique et économique, car l'unité procure le pouvoir et ceci engendre le désir de dominer. Que celui qui a des oreilles pour entendre, entend; celui qui a des yeux pour voir, voit et celui qui a de la bouche pour parler, parle. Ne restez pas en silence, faites le monde entendre vos cris concernant ce terrible futur qui nous attend tous. Autrement, nous serons bien obligés de les faire pour plaindre sous les tristes séquelles des événements sanglants de demain. Faites en sorte que plus tard ne soit pas plus triste ! Pourquoi les habitants de certains petits pays de l'Amérique ont-ils besoin de suivre, tout un lot de règlements, pour faire une visite dans l'Amérique? Cela signifie que l'Amérique ne serait pas à eux. Quelle illusion! On comprend bien qu'il faut sécuriser l'Amérique, mais l'Amérique est aux américains disaient ils.

Les leaders Européens s'organisent de telles sortes que les Européens se sentent confortables et fiers de rester en Europe, pour travailler et contribuer dans la croissance de

L'économie de cette région. La monnaie unique de l'Europe (EURO) pourrait bien permettre aux Européens de devenir plus fort dans le monde. Cette force pourra belle et bien faire croître l'ambition des Européens sur la question politique. Cela sous-entend que le monde devrait se préparer pour un futur amalgame malheureux. Cela pourrait aussi signifier que les leaders du monde devraient prendre beaucoup plus de précautions pour saper ou éviter une éventuelle guerre catastrophique sans précédant.

De fortes menaces nucléaires et les abus par l'application de la raison du plus fort, donnent beaucoup à s'inquiéter au sujet de l'évolution des habitants de la terre. Les fautes commises par les leaders des puissances mondiales ont laissés trop d'indices pour amplifier l'orgueil et l'arrogance de ceux qui dirigent les dernières puissances de la terre. Qui aurait pu parler de cette entrave politique? bien sûre, ce devraient être les nations unis. Mais privées de forces adéquates, elle ne peut que se taire. Que les leaders des Nations Unis se mettent à l'œuvre pour retrouver la force première de l'organisation pour l'accomplissement efficace de sa tache. La guerre avertie ne tue jamais les boiteux. Le temps perdu ne se rattrape jamais, à bons entendeurs salus!

La disproportion représente souvent un danger. Que les plus forts n'abusent pas les faibles ; car c'est à

L'exagération de l'exploitation que surgit la rébellion et par conséquent la révolte. La révolution, quelque soit sa forme est toujours sanglante et regrettable, elle fera couler beaucoup de larmes, pour l'éviter il faut mettre en pratique la provision qui a été faite par Dieu.

Nous avons déjà possédé du grand créateur, le plus grand outil qui est l'intelligence qui nous permettra de résoudre tous les conflits. Seulement, nous avons besoin de nous dépouiller un peu de l'égoïsme et de l'ambition personnel. Ceci, pour esquiver le désir de dominer les autres contre leur intérêt au profit du dominant. Il nous faut travailler mentalement pour effacer de la terre le vocable de guerre au profit d'un group, et le remplacer par celui de la paix qui est au profit collectif. Pour réussir ce projet, il nous faut donc tourner nos regards vers le seul tout puissant, Celui qui sait comment donner la véritable paix !

Il nous a donné la faculté de pouvoir nous asseoir ensemble pour résoudre tous les problèmes desquels dérivent les guerres et nos malheurs. Si aujourd'hui il y a tous ces battements de cœur, de maux de tête et l'inquiétude dans l'humanité, c'est parce que le monde a besoin d'être repensé. Et pour repenser le monde, les leaders du monde devraient rapidement, se joindre dans une vision unifiée, pour chercher à faire cesser la violence dans le monde. Autrement, c'est en vain de parler de paix d'une part, quand d'autre part, les uns ou les autres se préparent à s'approvisionner de nouvelles technologies d'armements.

Le discours des leaders des Nations Unis fut très fort, et toutes les Nations membres, savaient se plier sous ses résolutions. Aujourd'hui, le monde à faire face à des problèmes sans pareils qui mériteraient l'intervention de l'ONU mais, beaucoup de pays n'en fait pas trop de confiance, eut égard à son palmarès. Ces pays ne prêtent aucune attention aux recommandations des responsables de cette organisation. L'hypocrisie des uns engendre la méfiance des autres, Voilà pourquoi se coulent tant de larmes aux yeux des mères et des pères de famille dans le monde. Pourquoi le vocable terrorisme souffle-t-il à grand flot de nos jours dans le monde? Pourquoi certains pays sont-ils considérés comme les principaux pays de terroristes? Alors que d'autres se coalisent pour tenter de les combattre?

De jour en jour, les hommes deviennent plus égoïstes, fanfaron, rebelles à la volonté de Dieu. Comment sera donc l'avenir?

La terre est manillée. Messieurs les grands leaders de la terre, qu'en dites-vous?

Haïti est un petit pays qui est l'arrière collet de la liquette des Etats-Unis. Elle a pris son indépendance des Français

le 1er Janvier 1804. Sous les armes puissantes et de la déception de l'armée Française, nos vaillants hommes ont crié grenadier à l'assaut pour Haïti mettre en liberté. Cette action merveilleuse nous a coûté très chère, et nous sommes en train de payer les conséquences.

Cependant, un jour viendra certainement où le créateur nous libérera de nos nouveaux oppresseurs moraux et leur demandera compte. Ils ont profité de notre faiblesse pour utiliser nos propres frères contre nous. Ils les empressèrent parfois de signer des engagements non lus et même non compris pour le malheur de notre terre, mais au temps fixé, quand même la nature leur en demandera compte.

L'idée de reconsidérer et de repenser les Nations Unis, implique ce qu'on voudrait pour repousser un troisième grand danger prévu une fois de plus pour les résidents de la terre. Dans ce concept de concentration, on voit que la violence se déplace à une vitesse supérieure vers des catastrophes incroyables et incalculables. Si les leaders du monde ne s'assemblent pas pour réexaminer les controverses qui règnent dans le monde aujourd'hui, la terre sera sans nul doute troublée et même renversée. Si l'on considère les réactions des leaders de la première puissance du monde, nul ne saurait capable d'éviter ce futur danger. Car, d'une seule vision unifiée des nations révèlent la solution. On devrait lever la voix pour dire ce qu'on voit. Ce qu'on aperçoit peut être que les autres n'en prêteront pas attention, même que cela engendre la mort, l'histoire clarifiera la vérité. Les leaders des Nations Unis ont prévu dans leur charte de soutenir tous les pays qui n'auraient pas assez de potentialité pour se développer, mais que constatons-nous dans les faits? La faiblesse totale.

Messieurs Les leaders des Nations Unis, ouvre votre intelligence car le monde est en danger. Le peuple Haïtien vous attend, et il y a des yeux qui vous regardent et s'efforcent de vous comprendre.

Haïti ne peut plus attendre, car votre présence ne vaudrait plus pour nous que votre aide économique. Nous n'avons pas grand besoin d'ONG puisqu'elles n'apportent rien de positif au développement d'Haïti. Si les ONG représentent un facteur important dans le calendrier de développement des autres pays, pour Haïti c'est le contraire. Elles représentent de préférence une source de fortune pour une minorité au détriment de la majorité.

N'oubliez pas que l'organisation des nations unies a été créée dans le but de négocier la paix et la sécurité dans le monde. Haïti en est donc un membre, Haïti a grand besoin de vos supports maintenant, dépêchez vous !

Election demeure la seule voie légale et fiable permettant d'accéder au pouvoir dans n'importe quel pays. Dans la constitution de la république d'Haïti, il prévoit qu'à la chute ou au départ d'un président pour une raison quelconque, des élections doivent se faire dans les quatre vingt dix jours qui suivent, juste pour combler le vide. Pourquoi y a-t-il toujours du contraire, le plus souvent sous les yeux même de cette grande organisation de l'ordre ?

Les exemples d'Haiti en 1991,2004 et d'Iraq en 1991,2003 sont ils autant d'indices qui donnent preuve que l'ONU a besoin d'être repensée. `

Sous le drapeau de la paix, le sang de nos frères et sœurs civiles et militaires ont coulé à flots dans beaucoup de pays tels que panama, Haïti, la somalie, Afghanistan et iraq.

En Haïti, ils ont violé nos jeunes filles, outrageaient nos animaux, estropiaient nos officiers militaires polices et matraquaient la population sans qu'elle ait le pouvoir de revendiquer. Il est donc temps pour que cet organisme dit démocratique et humanitaire, de réviser leurs formules et leur acte à fin de reprendre le chemin de la mission pour laquelle elle a été créée. Que cette dernière ne soit pas téléguidée dans ses décisions, car cette vielle formule d'obtenir la paix par la guerre, ne fait qu'engendrer de nouvelles

guerres à travers le monde. Après avoir essayé toutes les armes issues de l'intelligence humaine, il nous serait bien sage d'essayer celles de la haute intelligence, qui peuvent faire arrêter le vent, sécher la mer, commander au soleil et à la lune. Celles-là n'auront pas besoin d'aucune force artificielle pour les amorcer et les mettre en action.

Un vrai rêve et une bonne philosophie

Nul n'est capable de penser sans avoir l'approbation du créateur de l'univers. Principalement, il est la volonté de Dieu pour que l'homme inspire au profit de la connaissance des autres. En ce jour même, sans l'acceptation de Dieu, il est impossible à l'homme d'inspirer de bonnes idées. Pendant ce temps, Dieu utilise quiconque pour l'accomplissement de son dessein, et les choses impossibles aux hommes sont possibles à Dieu. Dieu a créé les hommes pour son bon plaisir et conformément à sa décision. Dans le passé, Dieu a utilisé des hommes puissants à son service, par exemple "Saul" qui est devenu "Paul" était le persécuteur des Chrétiens, il était un homme bien éduqué, mais ignorant à l'égard de la doctrine de Christ. Et Dieu descendit à bas niveau, pris Pierre qui était un pêcheur et sa position explique son niveau social et tous deux devinrent apôtre de Jésus-Christ. Sur le plan philosophique et éducationnel, quelle était la différence entre Paul et Pierre ? Un homme bien éduqué et un pêcheur? Pierre a t-il gardé le silence parce qu'il n'a pas avancé intellectuellement? Non, il était un brillant prédicateur de la Parole de Dieu, presque au même niveau que l'Apôtre Paul. Ma question pour vous aujourd'hui est la suivante: pouvez-vous fermer la bouche lorsque les choses tournent à l'envers à cause de peu d'éducation? Prenez le temps de réfléchir à cette question. Dans le monde des penseurs, nous remarquons que Dieu n'inspire pas toujours tout le monde au même échelon. Il s'agit de leur donner un petit goût de sa superpuissance. J'inclure cette déclaration philosophique afin de fournir une explication claire de ce que le livre Déjà-vu l'Effondrement d'Haïti est, et pourquoi il est écrit. Le livre Déjà-vu l'Effondrement d'Haïti, un avertissement aux leaders du monde est un document historique d'une source d'inspiration et une recherche profonde sur le problème dilemmatique d'Haïti et de la tragédie mondiale. C'est aussi le rêve de l'auteur de voir que le monde s'engage dans un travail d'amélioration social, et en Haïti pour sortir de la pauvreté et diriger vers la prospérité. Déjà-vu L'effondrement d'Haïti est écrit spécialement pour inspirer tout le monde de quelques bonnes idées au profit d'Haïti. Pour ceux qui ont séjourné en Haïti, l'image que vous avez vue n'est pas agréable. Néanmoins, il est une île très prometteuse qui nécessite votre attention. Les débris ne sont pas de l'amidon sur nos rues, mais le patriotisme est manqué. Ceux d'entre vous qui n'avez pas été encore visités Haïti, je vous encourage d'y aller et jeter un coup d'œil.

Ce livre, "Déjà-vu L'effondrement d'Haïti » a expliqué les types de procédures qui doivent être suivies pour l'avancement d'Haïti.

Déjà-vu L'effondrement d'Haiti, Une mise en garde aux dirigeants mondiaux à révéler le génocide de Christoph Colomb sur les habitants de cette île au moment où ils jetèrent l'ancre dans l'île. C'est un livre historique très bien expliqué qui est capable d'inspirer les Haïtiens ou toute personne qui veut investir en Haïti. Il n'y a rien à cacher, car, ils ont reconnu Haïti comme le pays le plus sale et le plus pauvre au monde. "Déjà-vu L'effondrement d'Haïti ", le moyen de développer Haïti, et empêchent les gens écrient contre ce pays pour leur propre profit.

J'ai eu un rêve, j'ai vu tous les Haïtiens réunis. Les Haïtiens venaient en masses provenant des quatre coins du monde. De l'Est à l'Ouest et du Nord au Sud, ils n'avaient qu'un seul but "Contribuer au développement d'Haïti». Les Haïtiens ont unis leurs efforts, avec un geste d'amour qu'ils se serraient la main, étreindre et chanter ensemble cette chanson:

»Haïti, Haïti, Haïti terre de mon sang, de mon âme et de ma misère, nous sommes aujourd'hui réunis dans le but de prendre la relève. Jamais, jamais, et jamais nous ne t'abandons plus Haïti, tu es la terre que nous avons tant méprisée nous t'aimons pour toujours ».

Puis, j'ai vu que Haïti est devenue le grenier du monde et toutes les nations vinrent visiter cette belle île et y firent des affaires. J'ai vu toutes les classes sociales: la classe d'élite, moyenne, pauvre et riche étaient assis ensemble sur une même table se discutent sur le destin d'Haïti. J'ai vu de grand projets de construction ont été signé pour l'avenir d'Haïti et les pauvres ont connu une vie meilleure. La

joie et la sécurité étaient garanties dans toutes les régions d'Haïti. Dans mon rêve, j'ai vu les Haïtiens jetèrent leurs idées égocentriques et l'esprit racisme pour embrasser

l'amour. Leur amour était si profond qu'ils eurent des larmes aux yeux de tous. J'ai vu que les Haïtiens s'eurent tenus en se serrant les mains ils leur secouèrent pour longtemps et aucun d'eux ne pouvaient arrêter, parce que la joie était parfaite, partout en Haïti et dans chaque partie du monde où vivent les Haïtiens.

J'ai vu une chose mystérieuse qui s'est passé dans mon rêve, au milieu de la joie et la paix entre les Haïtiens, quatre hommes parurent; Deux Blancs et deux Noirs. Tout le monde était dans la stupéfaction. Les deux parties ont commencé à crier c'est-à-dire, les deux Blancs et les deux Noirs. Les deux hommes blancs étaient à gauche, et les deux hommes noirs à la droite. L'un des hommes blancs a levé sa main droite et dit: Je suis le général Rochambeau, je suis vraiment désolé d'être si rude avec vous les gens de cette île. Je vous ai injustement brutalisé sans raison particulière. Je ne vous reconnais pas comme l'humain, je vous traitais comme des porcs. Pour tout cela, je suis désolé, j'ai demandé au gouvernement français de payer l'argent que nous vous avons dû et nous vous aiderons à trouver de nouvelles technologies pour développer Haïti. Les gens ne comprenaient toujours pas ce drame. Le deuxième homme blanc a levé sa main droite et dite «Je suis Woodrow Wilson, président des Etats-Unis, Je suis vraiment désolé de n'avoir rien fait pendant dix-neuf ans d'occupation

de cette île. J'ai tué Charlemagne Peralt parce qu'il s'est opposé à l'intervention militaire en Haïti, et pourtant, je n'avais aucune raison de le tuer parce qu'il était en état d'arrestation. Je n'ai pas aidé les Haïtiens à trouver une technologie pour développer l'île. Maintenant, je vais demander au président des États-Unis pour aider Haïti à retrouver la voie à de nouvelles technologies. Après avoir écouté patiemment les deux hommes blancs qui parlaient, les deux hommes noirs restaient debout fermement aux pas militaire tout en secouant leur tête et pleuraient. L'un des hommes noir a levé la main doite et dit, je suis François Capois La Mort, general de l'armée Haïtienne; Je vous ai entendu tous gars, je comprends ce que vous faites et dites, je vous pardonne parce que vous ne saviez pas ce que vous faisiez à cet époque, en passant, "faites ce que vous promettez à la population haïtienne, ils ont vraiment besoin de votre soutien. Le second homme noir a levé sa main droite et dit: Je suis l'Empereur Jean J. Dessalines, je vous ai entendu avec une attention triste. Moi aussi, je suis désolé pour la mort de plus de 10.000 citoyens français. Mais maintenant, je vois combien l'exaspération me portait d'avoir agit si brutal contre ma ressemblance, en faisant des choses aussi misérables. Ma colère et mon ressentiment ne me permettaient pas d'avoir un bon jugement. Cependant, puisque nous nous aperçûmes tous que nous avons commis quelques terribles erreurs, Joignons nos mains pour faire la paix entre nous, a déclaré l'empereur Jean J. Dessalines. En ce moment, tous les Haïtiens battaient des mains, les deux hommes blancs et deux hommes noirs étaient étreints. Et tous les signes de préjudice ont disparu, parce que dans la foule, ni riches, ni pauvres, ni Noirs, pas de Blancs, tout le monde était joyeux et mélangés; voila la fin de la division et mésentente au millier des Haïtiens.

À la fin de mon rêve, j'ai vu l'introduction de nouvelles technologies avec sagesse. Ceux qui étaient désespérés ont retrouvé l'espoir. J'ai vu le gouvernement français signa de gros contrats avec le gouvernement haïtien. Et j'ai vu le gouvernement américain ouvre ses portes de la technologie à Haïti, et tout d'un coup, ils ont commencé à

Construire des universités dans le pays.

J'ai vu que le problème de l'électricité a été totalement résolu dans tous les coins d'Haïti. Cela ressemblait à une véritable révolution industrielle dans l'île, et la joie était sur tous les visages. Voila mon rêve pour Haïti, ma patrie.

Main dans la main est le standard numéro (1) que tous les Haïtiens doivent faire preuve afin de Voyager à travers le monde de la technologie qui mène au développement. Toutefois, pour que la paix et la sécurité soient possibles en Haïti, l'unification des

Haïtiens révèle indispensable. Si les Haïtiens peuvent eux-mêmes s'unifier en grève pour une raison politique personnelle, pourquoi ne peuvent-ils pas faire la même chose pour développer Haïti? Les dirigeants politiques, ouvrez vos yeux pour voir combien vous brutalisez et endommagez Haïti aujourd'hui.

Peuple Haïtien reflechissez bien avant d'agir pour esquiver de regretables séquelles pouvant conduire vers une

catastrophe indésirable. Le président, les sénateurs, lisez les contrats avant de les signer. Ministres cessent le pillage dans vos propres affaires, travaillé plutôt pour le progrès de votre pays. Les sénateurs et les représentants du peuple, créent des lois au profit du pays pour le respect de tous les Haïtiens vivant à travers le monde. USA, CANADA et la FRANCE, apportez votre assistance au peuple haïtien par la création ou l'élaboration de haute technologie qui peut apporter du sang neuf au système corrompu d'Haïti.

Une nation sans rêves ne mérite pas d'avoir un pays à lui seul. Un pays sans chef est comme un véhicule abandonné sur l'autoroute sans accumulateur. Les dirigeants haïtiens doivent oublier leurs ambitions personnelles s'ils veulent faire avancer le pays. L'esprit racisme est la plus grande maladie qui paralyse le progrès d'Haïti. Cette question de diversité de langages doit être révisée complètement pour conduire le pays au développement réel.

L'utilisation de plusieurs langages n'est pas profitable au progrès d'aucun pays. Haïti a besoin d'un langage unique pour entrer dans la voie de la rénovation.

Quel sera ce langage? Français, créole, espagnol, anglais? Toutes les personnes ont besoin d'avoir un langage de communication; pour Haïti créole doit être le préférable. Laisse créole devenir notre langage communicatif officiel,

français sera utilisé comme langue étrangère de l'échange. À la lumière de cela, nous aurons un pays créatif, où tous les Haïtiens bénéficieront de la chance de devenir de bons techniciens et près à affronter le monde technique.

Discours prononcé Par

Louis Mercier

18 Novembre 1936

(...) La bataille de Vertières continue pour nous. Nous sommes toujours empoignés par les forces du mal et de destruction. Tous les préjugés imbéciles et funestes ne sont pas encore morts dans nos cœurs et nous portons toujours une âme coloniale. Nous ne comprenons pas quel rôle sublime nous avons joué dans le monde. Nos paysans logent dans des huttes semblables à celles que les colons bâtissaient autrefois pour leurs esclaves. Ils s'habillent comme ils le faisaient à la triste époque coloniale. Nous n'avons pas effacé toutes les traces de l'esclavage. La grande majorité vit encore dans l'ignorance, la misère, l'abjection et cette constatation ne soulève pas notre indignation.

Les règles de l'hygiène sont très peu appliquées chez nous. Nos villes n'ont pas encore l'aspect de villes modernes et nos campagnes sont trop délaissées. Nous ne sommes pas encore de grands constructeurs et nous marchons sur trop de ruines. Nous sommes, disons-le, à l'arrière-plan de la civilisation. Nous ne voulons pas jusqu'à aujourd'hui prendre un large bain d'idéalisme, avoir pitié des humbles, des faibles, des opprimés, sortir de l'espace étroit et asphyxiant où nous nous emprisonnons volontairement, devenir de réels citoyens haïtiens, ayant l'amour sincère et profond de nos frères, nous dépouiller du fanatisme,de la haine, adopter et appliquer les belles lois de la justice sociale et de la solidarité humaine, nous débarrasser totalement de tous les virus qui empoisonnent nos cœurs et nos cerveaux préjugés de castes,préjugés de localités, survivances affreuses d'un passé maudit dont nous devons nous dépouiller totalement. C'est pour la liberté, c'est pour la fraternité que nos pères ont faite des efforts immenses. Il ne faut pas que leurs sacrifices soient inutiles. Il ne faut pas non plus que tous ces étrangers que notre histoire fascine et qui nous admirent soient déçus du triste spectacle que nous leur offrons. Il n'est de belle vie qu'à l'ombre vivifiante d'un grand rêve et dans le cadre fleuri d'un pays admirable où toutes les nobles activités trouvent un champ favorable, où toutes les conquêtes humaines s'épanouissent magnifiquement, où l'intelligence, la volonté et la raison s'appliquent à maintenir la Justice, la Bonté, la Fraternité, mères tutélaires de tout progrès. Ouvrons nos cœurs à l'amour. Développons chez nous toutes les œuvres social appelées à faire un sort meilleur aux infortunés. Prenons le ferme propos de travailler jusqu'au sacrifice au salut national. C'est le seul moyen pour nous de nous grandir. Reprenons la Voie Sacrée où nos aïeux se mouvaient avec tant d'aisance. Soyons comme eux, des pionniers, des combattants, des soldats de Vertières. Dans le champ social que nos mains auront défriché et ensemencé plus largement et plus profondément, il faut que les épis soient un jour plus beau et plus abondant. La lutte se poursuit et nous devons rester maîtres du terrain. Répétons, répétons sans cesse cette vérité libératrice:

«LA BATAILLE DE VERTIÈRES CONTINUE».
Louis Mercier, 18 Novembre 1936.
J'endorse Ce discoure pour sa qualité et sa forme, un vrai patriote ne meure jamais.

A **wake up** call to the Haitian Leaders and the World Lead-ers.
According to a Great American Leader " Do not say or think what your country will do for you, but instead say or think what you can do for your country."

Amonnon Louis *is the co-author of Rethinking Haiti, and Rethinking Haiti 10 Million Big Ideas to Rebuild Haiti.*

    Blessed are the poor, for they shall
inherit the earth. The Haitians inherited
the most beautiful earth. They are the
poorest country in the Western
Hemisphere. And never will an American
know their level of their poverty. Nor the amount of death
that lives in their history. However they can be saved, and
I dearly wish they will be. No person should suffer as they
suffer because of histories past. This is where this dream
takes you. Surpass the pain and look for the hope, without
hope there is nothing but nothing, nothing but the truth.
Amonnon's Dream: A warning to world leaders.
This is a book intended to change the world. Read it as
such.
"If one poem moves your heart
Then I have done my part
To move your soul
As mine was moved"
I am Amonnon Louis, a man like everyone. I
am moved by more than this to strive above
my life expectations to charter a new way
for my nation. I am giving you my dream,
my truth, the poetry of my life. All you read is from my
inspiring heart; I am blessed to relay this message to you as
I have done faithfully as possible. My poetry is shuttle to the power
behind my dream; I give you a message that can
    not be ignored.

www.ingramcontent.com/pod-product-compliance
Lightning Source LLC
Chambersburg PA
CBHW061245280526
45784CB00002B/640